KOMPLETNÍ KUCHAŘKA TURNOVER

100 vločkovitých a chutných receptů

Nikola Kupcová

Materiál chráněný autorským právem ©2024

Všechna práva vyhrazena

Žádná část této knihy nesmí být použita nebo přenášena v jakékoli formě nebo jakýmikoli prostředky bez řádného písemného souhlasu vydavatele a vlastníka autorských práv, s výjimkou krátkých citací použitých v recenzi. Tato kniha by neměla být považována za náhradu lékařských, právních nebo jiných odborných rad.

OBSAH

- OBSAH 3
- ÚVOD 6
- **OBRATY OVOCE** 7
  - 1. Apple T obraty 8
  - 2. Třešňové obraty 10
  - 3. Obraty Apple Biscoff 12
  - 4. Obraty hrušek 14
  - 5. Obraty Apple Peach 17
  - 6. Obraty Apple-Cheddar 19
  - 7. Obraty citron Borůvka 21
  - 8. Meruňkové obraty 23
  - 9. Obraty Cran-Apple Tamale 25
  - 10. Brusinkové obraty s javorovou polevou 27
  - 11. Ananasové obraty 29
  - 12. Smíšené obraty bobulí se Sabayonem 31
  - 13. Obraty broskvoně-mandle 33
  - 14. Obrat hrušek a zázvoru 35
  - 15. Malinové obraty 37
  - 16. Obraty broskví a smetany 39
- **OBRATY KÁVY** 41
  - 17. Obraty cappuccina 42
  - 18. Obraty káva-čokoláda 44
  - 19. Obraty kávy a mandlí 46
  - 20. Obraty kávy a karamelu 48
  - 21. Espresso smetanový sýr obraty 50
  - 22. Obraty Káva Ořech 52
  - 23. Obraty mocha krému 54
  - 24. Obraty kávy lískových oříšků 56
  - 25. Obraty káva Cherry 58
- **OBRATY DRŮBEŽE** 60
  - 26. Kuřecí maso na kari obraty 61
  - 27. Obraty krůtí na kari 63
  - 28. Uzené kuřecí kari obraty 65
  - 29. Obraty kuřete se šunkou a sýrem 67
  - 30. Salsa Chicken Turnovers 69
  - 31. Buffalo Chicken Turnovers 71
  - 32. Houbové kuřecí obraty 73
  - 33. Špenát a feta kuřecí obraty 75
  - 34. Grilované kuřecí obraty 77
  - 35. Caprese Chicken Turnovers 79

36. Řecké kuřecí obraty 81
37. Kuřecí pesto obraty 83
38. Obraty kuřete Cajun 85
39. Kuřecí florentské obraty 87
40. Kuřecí pesto a obrat sušených rajčat 89
41. Kuřecí maso a houby s česnekovou smetanovou omáčkou 91

OBRATY HOVĚZÍHO A JEHNĚČÍHO 93
42. Obraty cheeseburgerů 94
43. Obraty vločkovitého hovězího masa 96
44. Obraty mletého hovězího masa 98
45. Italské obraty masa 100
46. Obraty Rubena 102
47. Miniobraty klobás a brambor 104
48. Obraty klobás a hub 106
49. Obraty uzené šunky a kozího sýra 108
50. Obrat mongolského hovězího masa 110
51. Obrat jehněčího a feta 112
52. Obraty hovězího masa a brokolice 114
53. Pikantní jehněčí obraty 116

OBRATY RYB A MOŘSKÝCH PLODŮ 118
54. Obraty langust 119
55. Obraty hřebenatek a slaniny 121
56. Obraty krevet Scampi 123
57. Obraty tuňáků 125
58. Obrat tresky galicijské 128
59. Obraty krevet 131
60. John Dory Turnovers 134
61. Obraty kukuřice a humrů 137
62. Obraty česneku, bylinek a lososa 140
63. Obraty minikrabů 142
64. Obraty tilapie 145

OBRATY VEPŘOVÉHO 148
65. Obraty taženého vepřového masa 149
66. Obraty jablečného vepřového masa 151
67. Klobásy a obraty jablek 153
68. Hoisin Obraty vepřového masa 155
69. Obraty vepřového masa a kimchi 157
70. Obraty vepřového a zelí 159
71. Obraty vepřového a fazolových klíčků 161
72. Obraty vepřového masa a ananasu 163

OBRATY SÝRŮ 165
73. Obraty špenátu a sýra Feta 166
74. Tři sýrové obraty 168

75. Obraty čedaru a brokolice 170
76. Obraty modrých sýrů a hrušek 172
77. Kozí sýr a pečená červená paprika obraty 174
78. Obraty Brie a Cranberry 176
79. Obraty čedaru a jablek 178
80. Obraty ricotty a špenátu 180
81. Obraty hub a švýcarských sýrů 182
82. Obraty slaniny a goudy 184
83. Obrat sušených rajčat a mozzarelly 186
84. Obrat artyčoku a parmezánu 188
85. Obraty pizzy 190

OBRATY DEZERTŮ 193
86. Obraty jablečné skořice 194
87. Obraty třešňových mandlí 196
88. Obraty banánů Nutella 198
89. Obraty broskvového ševce 200
90. Smíšené bobulovité obraty s vanilkovou polevou 202
91. Čokoládové oříškové obraty 204
92. Obraty rýžového pudinku 206

OBRATY ZELENINY 208
93. Obraty bylinkových brambor 209
94. Obraty hub 211
95. Obrat kozího sýra a špenátu 213
96. Zeleninové obraty s omáčkou Gorgonzola 215
97. Obrat brambor a pažitky 217
98. Obraty špenátu 219
99. Obraty lilku 221
100. Zeleninový obrat s omáčkou z pečených rajčat 223

ZÁVĚR 225

ÚVOD

Vítejte v knize „KOMPLETNÍ KUCHAŘKA TURNOVER", vašemu průvodci, jak zvládnout umění vytváření šupinatých a chutných obratů. Turnovers se svými zlatavými, máslovými kůrkami a lahodnými náplněmi jsou všestranným pečivem, které si po celém světě užívá k snídani, dezertu nebo kdykoli během dne. V této kuchařce vám představujeme 100 chutných receptů, které přenesou vaše obraty z obyčejných na neobyčejné.

Obraty jsou lahodnou pochoutkou, kterou lze naplnit širokou škálou sladkých nebo slaných ingrediencí, takže jsou ideální pro každou příležitost. Ať už dáváte přednost klasickým ovocným náplním, jako je jablko nebo třešeň, slaným variantám, jako je sýr a špenát, nebo požitkářským kombinacím, jako je čokoláda a lískové ořechy, v této kuchařce najdete recept na obrat, který vyhovuje každému vkusu a chuti.

Ale „KOMPLETNÍ KUCHAŘKA TURNOVER" je víc než jen sbírka receptů – je to oslava umění výroby pečiva a radost ze sdílení lahodných dobrot s přáteli a rodinou. Každý recept je navržen tak, aby byl přístupný, snadno sledovatelný a zaručeně přinášel působivé výsledky i pro začínající pekaře.

Ať už tedy chcete zapůsobit na hosty na vašem příštím brunchi, potěšit svou rodinu domácím dezertem nebo si jen dopřát lahodnou svačinku, nechť je „KOMPLETNÍ KUCHAŘKA TURNOVER" vaším zdrojem informací o všech obratech. Od prvního šupinkového kousnutí až po poslední přetrvávající chuť náplně, ať vám každý obrat přináší radost a uspokojení.

OBRATY OVOCE

1. Apple T obraty

SLOŽENÍ:

- 2 jablka, oloupaná, zbavená jádřinců a nakrájená na jemné kostičky
- 1 lžíce cukru plus navíc na posypání
- špetka skořice
- 1 vejce, lehce rozšlehané
- 2 pláty listového těsta, rozmražené
- 1 lžička krupicového cukru (volitelně)

INSTRUKCE:

a) Smíchejte jablko, cukr a skořici v malé misce. Promícháme, aby se jablko obalilo.
b) Oba pláty listového těsta rozkrojte na čtvrtiny tak, aby každý plát měl čtyři čtverce.
c) Na každý čtverec naneseme jablečnou směs a okraje potřeme vajíčkem.
d) Přeložte každý čtverec přes sebe a vytvořte trojúhelník. Okraje přitiskněte a uzavřete stlačením vidličkou.
e) Vršky každého trojúhelníku potřeme vajíčkem a posypeme extra cukrem.
f) Vložte čtyři trojúhelníky do koše vzduchové fritézy. Pečte při 180 °C 11 minut nebo do zlatohnědé a dokonale nafouknuté. Budete muset vařit ve dvou dávkách.

2. Třešňové obraty

SLOŽENÍ:
- 17¼ unce balení mraženého listového těsta rozmraženého
- 21-uncová plechovka náplně třešňového koláče, okapaná
- 1 hrnek moučkového cukru
- 2 polévkové lžíce vody

INSTRUKCE:
a) Oddělte pláty listového těsta a každý nakrájejte na 4 čtverce.
b) Náplň koláče rozdělte rovnoměrně na čtverce.
c) Okraje pečiva potřete vodou a přeložte napůl diagonálně.
d) Okraje utěsněte a zmáčkněte vidličkou. Nožem udělejte malou štěrbinu v horní části obráčků, abyste odvzdušnili.
e) Pečeme na nevymazaném plechu při 400 stupních 15 až 18 minut, dokud nenafouknou a nezezlátnou. Necháme mírně vychladnout.
f) Smíchejte práškový cukr a vodu; mrholení přes teplé obrátky.

3.Obraty Apple Biscoff

SLOŽENÍ:
- 2 pláty listového těsta, rozmražené
- 2 střední jablka, oloupaná, zbavená jádřinců a nakrájená na kostičky
- 2 lžíce krystalového cukru
- 1 lžička mleté skořice
- ½ šálku pomazánky Biscoff
- 1 vejce, rozšlehané (na mytí vajec)
- Moučkový cukr, na posypání

INSTRUKCE:
a) Předehřejte troubu na 400 °F (200 °C) a vyložte plech pečicím papírem.
b) V misce smíchejte na kostičky nakrájená jablka, krystalový cukr a mletou skořici, dokud se dobře nespojí.
c) Plátky listového těsta vyválejte na pomoučněné ploše a nakrájejte na čtverce nebo obdélníky.
d) Naneste lžíci pomazánky Biscoff na jednu polovinu každého čtverce nebo obdélníku pečiva a ponechte okraj kolem okrajů.
e) Na pomazánku Biscoff položte lžíci jablečné směsi.
f) Druhou polovinu těsta přeložte přes náplň a okraje přitiskněte k sobě, aby se uzavřely.
g) Okraje obratů zamačkejte vidličkou.
h) Obraty položíme na připravený plech a potřeme vršky rozšlehaným vejcem.
i) Pečte v předehřáté troubě 15-20 minut nebo do zlatohnědé a nafouknuté.
j) Vyjměte z trouby a nechte obrobky vychladnout na mřížce.
k) Před podáváním popráším moučkovým cukrem. Podávejte teplé nebo při pokojové teplotě.

4.Obraty hrušek

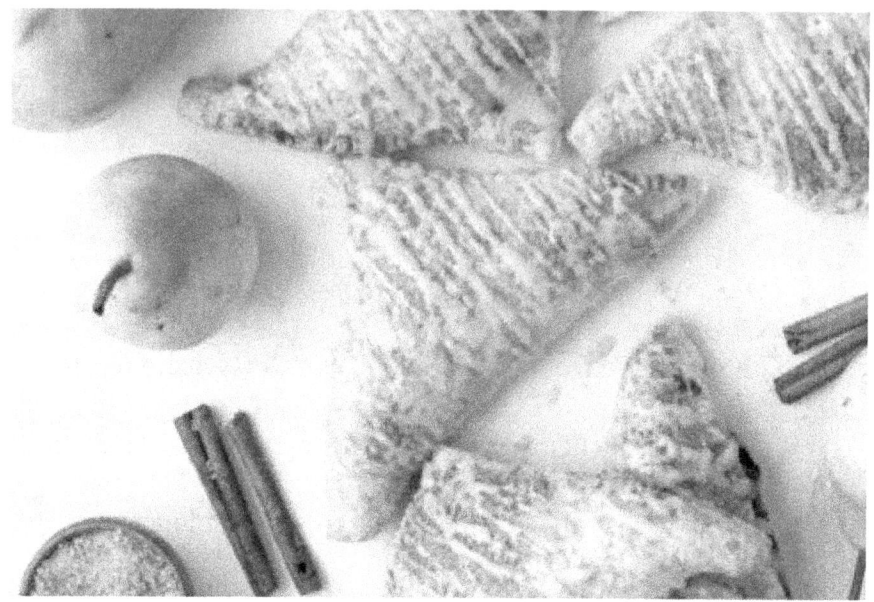

SLOŽENÍ:
K NÁPLNĚ:
- 6 až 8 vypeckovaných a najemno nakrájených datlí Medjool
- ¼ lžičky jedlé sody
- 3 lžíce nesoleného másla
- 5 nebo 6 zralých středních hrušek Bosc, oloupaných, zbavených jádřinců a nakrájených na kostičky
- 2 lžičky vanilkového extraktu
- 1 lžička mleté skořice
- 1 lžička mletého zázvoru
- ¼ lžičky mletého nového koření
- Zaštípejte mletý hřebíček
- ¼ lžičky košer soli

PRO OBRATY:
- Asi 1 libra z obchodu nebo domácího listového těsta
- 1 velké vejce, lehce rozšlehané
- 2 lžíce husté smetany

INSTRUKCE:
K NÁPLNĚ:

a) V malé misce smíchejte datle a jedlou sodu. Datle zalijte dostatečným množstvím horké vody, aby nasákly. Promíchejte, aby se jedlou soda rozpustila a datle nechte 10 až 15 minut nasáknout.

b) Datle sceďte a lehce je rozmačkejte lžící nebo vidličkou, dokud nebudou hladké a měkké.

c) Ve velké pánvi rozpusťte máslo na středním plameni. Přidejte rozmačkané datle, nakrájené hrušky, vanilku, skořici, zázvor, nové koření, hřebíček a sůl.

d) Vařte 5 až 6 minut, dokud datle a hrušky nezačnou měknout a koření se dobře rozloží. Pokud se vám směs zdá suchá, přidejte až ¼ šálku vody.

e) Pokračujte ve vaření dalších 5 až 6 minut, dokud se datle nerozpustí v hruškách a směs připomene měkký hruškový kompot. Odstraňte z ohně a nechte vychladnout. Měli byste mít asi 3 ½ šálku kompotu.

PRO OBRATY :

f) Předehřejte troubu na 350 °F (175 °C). Plech vyložte pečícím papírem.
g) Na pomoučené pracovní ploše rozválejte listové těsto na tenký obdélník. Ořízněte okraje a vytvořte úhledný obdélník.
h) Těsto nakrájejte na 8 stejných čtverců. Na jednu polovinu každého čtverce položte asi ⅓ šálku hruškového kompotu a ponechejte okraj kolem okrajů.
i) Okraje těsta potřeme rozšlehaným vejcem a těsto přeložíme přes kompot, aby vznikl trojúhelník. Pevně přitiskněte okraje k utěsnění pomocí vidličky.
j) Obraty přeneseme na připravený plech. Vršky potřeme směsí vejce a smetany.
k) Pečte 50 až 60 minut, dokud nejsou obrátky zlatavě hnědé a propečené.
l) Před podáváním nechte obraty vychladnout na plechu alespoň 1 hodinu. Užívat si!

5.Obraty Apple Peach

SLOŽENÍ:
- 2 jablka, oloupaná, zbavená jádřinců a nakrájená na kostičky
- 2 broskve, oloupané, vypeckované a nakrájené na kostičky
- 1/4 šálku cukru
- 1 lžička mleté skořice
- 1/4 lžičky mletého muškátového oříšku
- 1 lžíce citronové šťávy
- 1 balení listového těsta, rozmražené
- 1 vejce, rozšlehané

INSTRUKCE:
a) Předehřejte troubu na 375 °F (190 °C).
b) V misce smíchejte na kostičky nakrájená jablka, broskve, cukr, skořici, muškátový oříšek a citronovou šťávu.
c) Listové těsto vyválíme a nakrájíme na čtverce.
d) Na každý čtverec položte lžíci jablečně-broskvové směsi.
e) Těsto přehneme přes náplň tak, aby vznikly trojúhelníky a okraje zapečeme vidličkou.
f) Obraty potřeme rozšlehaným vejcem.
g) Položte na plech vyložený pečicím papírem a pečte 20-25 minut nebo do zlatova.
h) Před podáváním necháme mírně vychladnout.

6.Obraty Apple-Cheddar

SLOŽENÍ:

- 2 jablka, oloupaná, zbavená jádřinců a nakrájená na kostičky
- 1 šálek strouhaného sýra čedar
- 2 lžíce hnědého cukru
- 1/2 lžičky mleté skořice
- 1 balení listového těsta, rozmražené
- 1 vejce, rozšlehané

INSTRUKCE:
a) Předehřejte troubu na 375 °F (190 °C).
b) V misce smíchejte na kostičky nakrájená jablka, sýr čedar, hnědý cukr a skořici.
c) Listové těsto vyválíme a nakrájíme na čtverce.
d) Na každý čtverec položte lžíci směsi jablko-čedar.
e) Těsto přehneme přes náplň tak, aby vznikly trojúhelníky a okraje zapečeme vidličkou.
f) Obraty potřeme rozšlehaným vejcem.
g) Položte na plech vyložený pečicím papírem a pečte 20-25 minut nebo do zlatova.
h) Před podáváním necháme mírně vychladnout.

7.Obraty citron Borůvka

SLOŽENÍ:
- 2 pláty listového těsta, rozmražené
- 1 šálek čerstvých borůvek
- 1/4 šálku krystalového cukru
- Kůra a šťáva z 1 citronu
- 1 lžíce kukuřičného škrobu
- 1 vejce, rozšlehané
- Moučkový cukr, na posypání

INSTRUKCE:
a) Předehřejte troubu na 375 °F (190 °C). Plech vyložte pečícím papírem.
b) V misce smíchejte čerstvé borůvky, krystalový cukr, citronovou kůru, citronovou šťávu a kukuřičný škrob, dokud se dobře nespojí.
c) Vyválíme pláty listového těsta a každý rozkrájíme na 4 čtverce.
d) Na polovinu každého čtverečku těsta dáme lžíci borůvkové směsi.
e) Přeložte druhou polovinu těsta přes náplň, abyste vytvořili tvar trojúhelníku. Okraje k sobě přitiskněte vidličkou, aby se utěsnily.
f) Obraty přeneseme na připravený plech.
g) Vršky obratů potřeme rozšlehaným vejcem.
h) Pečte v předehřáté troubě 20-25 minut, nebo dokud nejsou obrátky zlatavě hnědé a nafouknuté.
i) Před poprášením moučkovým cukrem nechte obrátky mírně vychladnout.
j) Podávejte teplé a užívejte si!

8.Meruňkové obraty

SLOŽENÍ:

- 1 šálek meruňkových konzerv
- 1/4 šálku nasekaných mandlí
- 1 balení listového těsta, rozmražené
- 1 vejce, rozšlehané

INSTRUKCE:

a) Předehřejte troubu na 375 °F (190 °C).
b) Listové těsto vyválíme a nakrájíme na čtverce.
c) Na každý čtvereček položte lžíci meruňkových zavařenin.
d) Zavařeniny posypeme nasekanými mandlemi.
e) Těsto přehneme přes náplň tak, aby vznikly trojúhelníky a okraje zapečeme vidličkou.
f) Obraty potřeme rozšlehaným vejcem.
g) Položte na plech vyložený pečicím papírem a pečte 20-25 minut nebo do zlatova.
h) Před podáváním necháme mírně vychladnout.

9. Obraty Cran-Apple Tamale

SLOŽENÍ:
- 1 šálek čerstvých brusinek
- 2 jablka, oloupaná, zbavená jádřinců a nakrájená na kostičky
- 1/4 šálku cukru
- 1/2 lžičky mleté skořice
- 1 balení listového těsta, rozmražené
- 1 vejce, rozšlehané

INSTRUKCE:
a) Předehřejte troubu na 375 °F (190 °C).
b) V hrnci smíchejte brusinky, nakrájená jablka, cukr a skořici. Vařte na středním plameni, dokud brusinky neprasknou a směs nezhoustne.
c) Listové těsto vyválíme a nakrájíme na čtverce.
d) Na každý čtverec položte lžíci směsi brusnic a jablek.
e) Těsto přehneme přes náplň tak, aby vznikly trojúhelníky a okraje zapečeme vidličkou.
f) Obraty potřeme rozšlehaným vejcem.
g) Položte na plech vyložený pečicím papírem a pečte 20-25 minut nebo do zlatova.
h) Před podáváním necháme mírně vychladnout.

10.Brusinkové obraty s javorovou polevou

SLOŽENÍ:
- 1 šálek brusinkové omáčky
- 1 balení listového těsta, rozmražené
- 1 vejce, rozšlehané
- 1/2 šálku moučkového cukru
- 2 lžíce javorového sirupu

INSTRUKCE:
a) Předehřejte troubu na 375 °F (190 °C).
b) Listové těsto vyválíme a nakrájíme na čtverce.
c) Na každý čtverec položte lžíci brusinkové omáčky.
d) Těsto přehneme přes náplň tak, aby vznikly trojúhelníky a okraje zapečeme vidličkou.
e) Obraty potřeme rozšlehaným vejcem.
f) Položte na plech vyložený pečicím papírem a pečte 20-25 minut nebo do zlatova.
g) V malé misce smíchejte moučkový cukr a javorový sirup, abyste vytvořili polevu.
h) Před podáváním přelijte obrátky polevou.

11. Ananasové obraty

SLOŽENÍ:
- 1 šálek drceného ananasu, okapaný
- 1/4 šálku cukru
- 1 lžíce kukuřičného škrobu
- 1 balení listového těsta, rozmražené
- 1 vejce, rozšlehané

INSTRUKCE:
a) Předehřejte troubu na 375 °F (190 °C).
b) V hrnci smíchejte drcený ananas, cukr a kukuřičný škrob. Vařte na středním plameni do zhoustnutí.
c) Listové těsto vyválíme a nakrájíme na čtverce.
d) Na každý čtverec položte lžíci ananasové směsi.
e) Těsto přehneme přes náplň tak, aby vznikly trojúhelníky a okraje zapečeme vidličkou.
f) Obraty potřeme rozšlehaným vejcem.
g) Položte na plech vyložený pečicím papírem a pečte 20-25 minut nebo do zlatova.
h) Před podáváním necháme mírně vychladnout.

12. Smíšené obraty bobulí se Sabayonem

SLOŽENÍ:
- 1 šálek rozmixovaného ovoce (jako jsou jahody, borůvky, maliny)
- 1/4 šálku cukru
- 1 lžíce kukuřičného škrobu
- 1 lžička citronové šťávy
- 1 balení listového těsta, rozmražené
- 1 vejce, rozšlehané
- 1/2 šálku cukru
- 4 žloutky
- 1/2 šálku suchého bílého vína
- 1 lžička vanilkového extraktu
- 1/2 lžičky mleté skořice

INSTRUKCE:
a) Předehřejte troubu na 375 °F (190 °C).
b) V hrnci smíchejte smíchané bobule, cukr, kukuřičný škrob a citronovou šťávu. Vařte na středním plameni do zhoustnutí.
c) Listové těsto vyválíme a nakrájíme na čtverce.
d) Na každý čtverec položte lžíci smíchané směsi bobulí.
e) Těsto přehneme přes náplň tak, aby vznikly trojúhelníky a okraje zapečeme vidličkou.
f) Obraty potřeme rozšlehaným vejcem.
g) Položte na plech vyložený pečicím papírem a pečte 20-25 minut nebo do zlatova.
h) Na sabayon: V žáruvzdorné míse prošlehejte cukr, žloutky, bílé víno, vanilkový extrakt a mletou skořici.
i) Mísu postavte nad hrnec s vroucí vodou (dvojitý kotel) a neustále šlehejte, dokud směs nezhoustne a ztrojnásobí svůj objem.
j) Obraty podávejte teplé s kopečkem skořicově-vanilkového sabayonu.

13. Obraty broskvoně-mandle

SLOŽENÍ:
- 2 broskve, oloupané, vypeckované a nakrájené na kostičky
- 1/4 šálku cukru
- 1/4 lžičky mandlového extraktu
- 1 balení listového těsta, rozmražené
- 1 vejce, rozšlehané
- 1/4 šálku nakrájených mandlí

INSTRUKCE:
a) Předehřejte troubu na 375 °F (190 °C).
b) V misce smíchejte na kostičky nakrájené broskve, cukr a mandlový extrakt.
c) Listové těsto vyválíme a nakrájíme na čtverce.
d) Na každý čtverec položte lžíci broskvové směsi.
e) Náplň posypeme nakrájenými mandlemi.
f) Těsto přehneme přes náplň tak, aby vznikly trojúhelníky a okraje zapečeme vidličkou.
g) Obraty potřeme rozšlehaným vejcem.
h) Položte na plech vyložený pečicím papírem a pečte 20-25 minut nebo do zlatova.
i) Před podáváním necháme mírně vychladnout.

14. Obrat hrušek a zázvoru

SLOŽENÍ:
- 2 hrušky, oloupané, zbavené jádřinců a nakrájené na kostičky
- 2 lžíce zkrystalizovaného zázvoru, jemně nasekaného
- 2 lžíce cukru
- 1/2 lžičky mleté skořice
- 1 balení listového těsta, rozmražené
- 1 vejce, rozšlehané

INSTRUKCE:
a) Předehřejte troubu na 375 °F (190 °C).
b) V misce smíchejte na kostičky nakrájené hrušky, zkrystalizovaný zázvor, cukr a skořici.
c) Listové těsto vyválíme a nakrájíme na čtverce.
d) Na každý čtverec položte lžíci směsi hrušky a zázvoru.
e) Těsto přehneme přes náplň tak, aby vznikly trojúhelníky a okraje zapečeme vidličkou.
f) Obraty potřeme rozšlehaným vejcem.
g) Položte na plech vyložený pečicím papírem a pečte 20-25 minut nebo do zlatova.
h) Před podáváním necháme mírně vychladnout.

15. Malinové obraty

SLOŽENÍ:
- 1 šálek čerstvých malin
- 2 lžíce cukru
- 1 lžíce kukuřičného škrobu
- 1 balení listového těsta, rozmražené
- 1 vejce, rozšlehané

INSTRUKCE:
a) Předehřejte troubu na 375 °F (190 °C).
b) V misce smíchejte čerstvé maliny, cukr a kukuřičný škrob.
c) Listové těsto vyválíme a nakrájíme na čtverce.
d) Na každý čtverec položte lžíci malinové směsi.
e) Těsto přehneme přes náplň tak, aby vznikly trojúhelníky a okraje zapečeme vidličkou.
f) Obraty potřeme rozšlehaným vejcem.
g) Položte na plech vyložený pečicím papírem a pečte 20-25 minut nebo do zlatova.
h) Před podáváním necháme mírně vychladnout.

16. Obraty broskví a smetany

SLOŽENÍ:

- 2 broskve, oloupané, vypeckované a nakrájené na kostičky
- 2 lžíce cukru
- 4 unce smetanového sýra, změkčeného
- 1 balení listového těsta, rozmražené
- 1 vejce, rozšlehané

INSTRUKCE:

a) Předehřejte troubu na 375 °F (190 °C).
b) V misce smíchejte na kostičky nakrájené broskve a cukr.
c) Listové těsto vyválíme a nakrájíme na čtverce.
d) Na každý čtverec rozetřete lžíci změklého smetanového sýra.
e) Na tvarohový krém položte lžíci broskvové směsi.
f) Těsto přehneme přes náplň tak, aby vznikly trojúhelníky a okraje zapečeme vidličkou.
g) Obraty potřeme rozšlehaným vejcem.
h) Položte na plech vyložený pečicím papírem a pečte 20-25 minut nebo do zlatova.
i) Před podáváním necháme mírně vychladnout.

OBRATY KÁVY

17.Obraty cappuccina

SLOŽENÍ:
- 1 balení plátků listového těsta (rozmražených)
- ¼ šálku granulí instantní kávy
- ¼ šálku horké vody
- ¼ šálku krystalového cukru
- 1 šálek husté smetany
- ½ šálku čokoládových lupínků
- 1 vejce (na mytí vajec)
- moučkový cukr (na posypání)

INSTRUKCE:
a) Předehřejte troubu na 375 °F (190 °C) a vyložte plech pečicím papírem.
b) Rozpusťte granule instantní kávy v horké vodě a nechte vychladnout.
c) V samostatné misce ušlehejte smetanu a krystalový cukr, dokud se nevytvoří tuhé špičky.
d) Kávovou směs přidejte ke šlehačce a míchejte, dokud se dobře nespojí.
e) Listové těsto rozválíme a nakrájíme na čtverce nebo obdélníky.
f) Na polovinu každého čtverečku těsta dejte lžíci kávové šlehačky a posypejte kousky čokolády.
g) Těsto přehneme a okraje zatlačíme vidličkou.
h) Obraty potřeme rozšlehaným vejcem a pečeme asi 15-20 minut nebo do zlatova.
i) Před podáváním popráším moučkovým cukrem.

18. Obraty káva-čokoláda

SLOŽENÍ:
- 1/2 šálku silné uvařené kávy, vychlazené
- 1/2 šálku čokoládových lupínků
- 1/4 šálku cukru
- 1 lžička vanilkového extraktu
- 1 balení listového těsta, rozmražené
- 1 vejce, rozšlehané

INSTRUKCE:
a) Předehřejte troubu na 375 °F (190 °C).
b) V misce smíchejte vychladlou uvařenou kávu, čokoládové lupínky, cukr a vanilkový extrakt.
c) Listové těsto vyválíme a nakrájíme na čtverce.
d) Na každý čtverec položte lžíci směsi kávy a čokolády.
e) Těsto přehneme přes náplň tak, aby vznikly trojúhelníky a okraje zapečeme vidličkou.
f) Obraty potřeme rozšlehaným vejcem.
g) Položte na plech vyložený pečicím papírem a pečte 20-25 minut nebo do zlatova.
h) Před podáváním necháme mírně vychladnout.

19.Obraty kávy a mandlí

SLOŽENÍ:
- 1/2 šálku silné uvařené kávy, vychlazené
- 1/2 šálku mandlové pasty
- 1/4 šálku cukru
- 1 lžička mandlového extraktu
- 1 balení listového těsta, rozmražené
- 1 vejce, rozšlehané

INSTRUKCE:
a) Předehřejte troubu na 375 °F (190 °C).
b) V misce smíchejte vychladlou uvařenou kávu, mandlovou pastu, cukr a mandlový extrakt.
c) Listové těsto vyválíme a nakrájíme na čtverce.
d) Na každý čtverec položte lžíci kávovo-mandlové směsi.
e) Těsto přehneme přes náplň tak, aby vznikly trojúhelníky a okraje zapečeme vidličkou.
f) Obraty potřeme rozšlehaným vejcem.
g) Položte na plech vyložený pečicím papírem a pečte 20-25 minut nebo do zlatova.
h) Před podáváním necháme mírně vychladnout.

20.Obraty kávy a karamelu

SLOŽENÍ:
- 1/2 šálku silné uvařené kávy, vychlazené
- 1/4 šálku karamelové omáčky
- 1/4 šálku cukru
- 1 lžička vanilkového extraktu
- 1 balení listového těsta, rozmražené
- 1 vejce, rozšlehané

INSTRUKCE:
a) Předehřejte troubu na 375 °F (190 °C).
b) V míse smícháme vychladlou uvařenou kávu, karamelovou omáčku, cukr a vanilkový extrakt.
c) Listové těsto vyválíme a nakrájíme na čtverce.
d) Na každý čtverec položte lžíci kávovo-karamelové směsi.
e) Těsto přehneme přes náplň tak, aby vznikly trojúhelníky a okraje zapečeme vidličkou.
f) Obraty potřeme rozšlehaným vejcem.
g) Položte na plech vyložený pečicím papírem a pečte 20-25 minut nebo do zlatova.
h) Před podáváním necháme mírně vychladnout.

21. Espresso smetanový sýr obraty

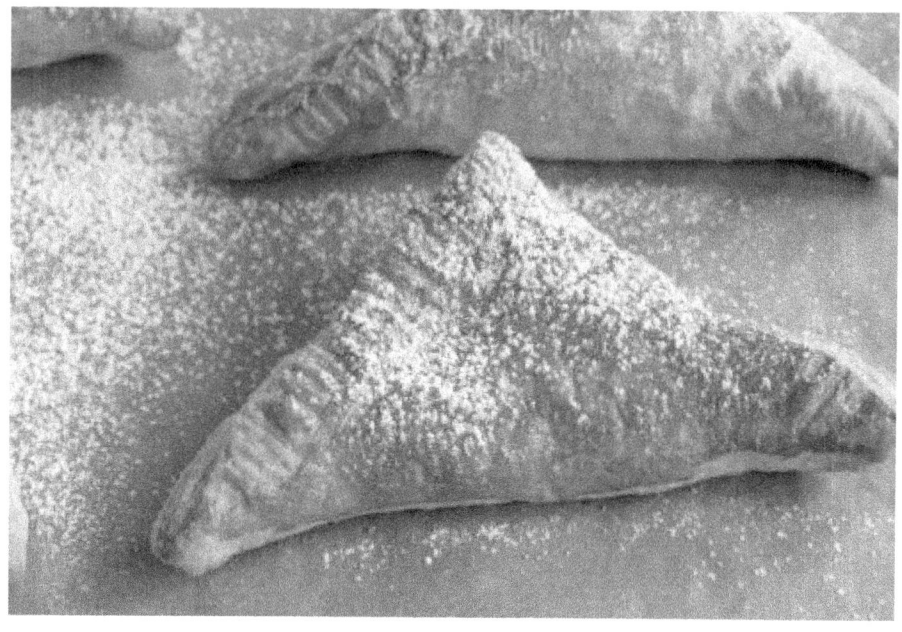

SLOŽENÍ:
- 1/4 šálku espressa nebo silné uvařené kávy, vychlazené
- 4 unce smetanového sýra, změkčeného
- 1/4 šálku moučkového cukru
- 1 lžička vanilkového extraktu
- 1 balení listového těsta, rozmražené
- 1 vejce, rozšlehané

INSTRUKCE:
a) Předehřejte troubu na 375 °F (190 °C).
b) V misce smíchejte vychladlé espresso nebo kávu, změklý smetanový sýr, moučkový cukr a vanilkový extrakt do hladka.
c) Listové těsto vyválíme a nakrájíme na čtverce.
d) Na každý čtverec rozetřete lžíci směsi smetanového sýra na espresso.
e) Těsto přehneme přes náplň tak, aby vznikly trojúhelníky a okraje zapečeme vidličkou.
f) Obraty potřeme rozšlehaným vejcem.
g) Položte na plech vyložený pečicím papírem a pečte 20-25 minut nebo do zlatova.
h) Před podáváním necháme mírně vychladnout.

22.Obraty Káva Ořech

SLOŽENÍ:
- 1/2 šálku silné uvařené kávy, vychlazené
- 1/2 šálku nasekaných vlašských ořechů
- 1/4 šálku cukru
- 1 lžička vanilkového extraktu
- 1 balení listového těsta, rozmražené
- 1 vejce, rozšlehané

INSTRUKCE:
a) Předehřejte troubu na 375 °F (190 °C).
b) V míse smícháme vychladlou uvařenou kávu, nasekané vlašské ořechy, cukr a vanilkový extrakt.
c) Listové těsto vyválíme a nakrájíme na čtverce.
d) Na každý čtverec položte lžíci směsi kávy a ořechů.
e) Těsto přehneme přes náplň tak, aby vznikly trojúhelníky a okraje zapečeme vidličkou.
f) Obraty potřeme rozšlehaným vejcem.
g) Položte na plech vyložený pečicím papírem a pečte 20-25 minut nebo do zlatova.
h) Před podáváním necháme mírně vychladnout.

23. Obraty mocha krému

SLOŽENÍ:
- 1/4 šálku silné uvařené kávy, vychlazené
- 4 unce smetanového sýra, změkčeného
- 2 lžíce kakaového prášku
- 1/4 šálku moučkového cukru
- 1 lžička vanilkového extraktu
- 1 balení listového těsta, rozmražené
- 1 vejce, rozšlehané

INSTRUKCE:
a) Předehřejte troubu na 375 °F (190 °C).
b) V misce smíchejte vychladlou uvařenou kávu, změklý smetanový sýr, kakaový prášek, moučkový cukr a vanilkový extrakt do hladka.
c) Listové těsto vyválíme a nakrájíme na čtverce.
d) Na každý čtverec rozetřete lžíci mokka krémové směsi.
e) Těsto přehneme přes náplň tak, aby vznikly trojúhelníky a okraje zapečeme vidličkou.
f) Obraty potřeme rozšlehaným vejcem.
g) Položte na plech vyložený pečicím papírem a pečte 20-25 minut nebo do zlatova.
h) Před podáváním necháme mírně vychladnout.

24.Obraty kávy lískových oříšků

SLOŽENÍ:

- 1/2 šálku silné uvařené kávy, vychlazené
- 1/2 šálku nasekaných lískových ořechů
- 1/4 šálku cukru
- 1 lžička vanilkového extraktu
- 1 balení listového těsta, rozmražené
- 1 vejce, rozšlehané

INSTRUKCE:

a) Předehřejte troubu na 375 °F (190 °C).
b) V míse smícháme vychladlou uvařenou kávu, nasekané lískové ořechy, cukr a vanilkový extrakt.
c) Listové těsto vyválíme a nakrájíme na čtverce.
d) Na každý čtverec položte lžíci směsi kávy a lískových oříšků.
e) Těsto přehneme přes náplň tak, aby vznikly trojúhelníky a okraje zapečeme vidličkou.
f) Obraty potřeme rozšlehaným vejcem.
g) Položte na plech vyložený pečicím papírem a pečte 20-25 minut nebo do zlatova.
h) Před podáváním necháme mírně vychladnout.

25.Obraty káva Cherry

SLOŽENÍ:
- 1/2 šálku silné uvařené kávy, vychlazené
- 1/2 šálku nasekaných sušených třešní
- 1/4 šálku cukru
- 1 lžička vanilkového extraktu
- 1 balení listového těsta, rozmražené
- 1 vejce, rozšlehané

INSTRUKCE:
a) Předehřejte troubu na 375 °F (190 °C).
b) V míse smícháme vychladlou uvařenou kávu, nasekané sušené třešně, cukr a vanilkový extrakt.
c) Listové těsto vyválíme a nakrájíme na čtverce.
d) Na každý čtverec položte lžíci směsi kávy a třešní.
e) Těsto přehneme přes náplň tak, aby vznikly trojúhelníky a okraje zapečeme vidličkou.
f) Obraty potřeme rozšlehaným vejcem.
g) Položte na plech vyložený pečicím papírem a pečte 20-25 minut nebo do zlatova.
h) Před podáváním necháme mírně vychladnout.

OBRATY DRŮBEŽE

26. Kuřecí maso na kari obraty

SLOŽENÍ:
- 1 šálek jemně nakrájeného vařeného kuřete
- 1 střední jablko, oloupané a najemno nakrájené
- 1/2 šálku majonézy
- 1/4 šálku nasekaných kešu nebo arašídů
- 1 zelená cibule, jemně nakrájená
- 1 až 2 lžičky kari
- 1/4 lžičky soli
- 1/4 lžičky pepře
- Pečivo na koláč s dvojitou kůrkou
- 1 velké vejce, lehce rozšlehané

INSTRUKCE:
a) Předehřejte troubu na 425 °. Smíchejte dohromady prvních 8 ingrediencí v malé misce. Těsto rozdělte na osm dílů.
b) Každou část rozválejte na lehce pomoučeném povrchu do 5palcového kolečka. Na jednu stranu dejte asi čtvrt šálku náplně. Okraje těsta namočíme vodou. Těsto přeložte na náplň; zajistěte pomocí vidličky silou okraje.
c) Klademe na vymazané plechy. Potřeme vejcem. Nahoře každého vyřízněte půlpalcové štěrbiny.
d) Pečte do zlatova, asi 15 až 20 minut.

27.Obraty krůtí na kari

SLOŽENÍ:
- 2 šálky vařené krůty, nakrájené na kostičky
- 1 lžíce kari
- 1/4 šálku nakrájené cibule
- 1/4 šálku nakrájené papriky
- 1/4 šálku nakrájeného celeru
- 1/4 šálku majonézy
- 1 lžíce citronové šťávy
- Sůl a pepř na dochucení
- 1 balení listového těsta, rozmražené
- 1 vejce, rozšlehané

INSTRUKCE:
a) Předehřejte troubu na 375 °F (190 °C).
b) V misce smíchejte na kostičky nakrájené krůtí maso, kari, nakrájenou cibuli, papriku, celer, majonézu, citronovou šťávu, sůl a pepř.
c) Listové těsto vyválíme a nakrájíme na čtverce.
d) Na každý čtverec položte lžíci směsi krůtího kari.
e) Těsto přehneme přes náplň tak, aby vznikly trojúhelníky a okraje zapečeme vidličkou.
f) Obraty potřeme rozšlehaným vejcem.
g) Položte na plech vyložený pečicím papírem a pečte 20-25 minut nebo do zlatova.
h) Před podáváním necháme mírně vychladnout.

28. Uzené kuřecí kari obraty

SLOŽENÍ:
- 2 šálky uzeného kuřete, nakrájeného na kostičky
- 1 lžíce kari
- 1/4 šálku nakrájené cibule
- 1/4 šálku nakrájené papriky
- 1/4 šálku nakrájeného celeru
- 1/4 šálku majonézy
- 1 lžíce citronové šťávy
- Sůl a pepř na dochucení
- 1 balení listového těsta, rozmražené
- 1 vejce, rozšlehané

INSTRUKCE:
a) Předehřejte troubu na 375 °F (190 °C).
b) V misce smíchejte na kostičky nakrájené uzené kuře, kari, nakrájenou cibuli, papriku, celer, majonézu, citronovou šťávu, sůl a pepř.
c) Listové těsto vyválíme a nakrájíme na čtverce.
d) Na každý čtverec položte lžíci směsi uzeného kuřecího kari.
e) Těsto přehneme přes náplň tak, aby vznikly trojúhelníky a okraje zapečeme vidličkou.
f) Obraty potřeme rozšlehaným vejcem.
g) Položte na plech vyložený pečicím papírem a pečte 20-25 minut nebo do zlatova.
h) Před podáváním necháme mírně vychladnout.

29. Obraty kuřete se šunkou a sýrem

SLOŽENÍ:
- 2 šálky vařeného kuřete, nakrájeného na kostičky
- 1/2 šálku šunky nakrájené na kostičky
- 1/2 šálku strouhaného sýra čedar
- 1/4 šálku majonézy
- 1 lžíce dijonské hořčice
- 1 lžička sušeného tymiánu
- Sůl a pepř na dochucení
- 1 balení listového těsta, rozmražené
- 1 vejce, rozšlehané

INSTRUKCE:
a) Předehřejte troubu na 375 °F (190 °C).
b) V misce smícháme na kostičky nakrájené kuřecí maso, na kostičky nakrájenou šunku, strouhaný sýr čedar, majonézu, dijonskou hořčici, sušený tymián, sůl a pepř.
c) Listové těsto vyválíme a nakrájíme na čtverce.
d) Na každý čtverec položte lžíci směsi šunky a sýra kuře.
e) Těsto přehneme přes náplň tak, aby vznikly trojúhelníky a okraje zapečeme vidličkou.
f) Obraty potřeme rozšlehaným vejcem.
g) Položte na plech vyložený pečicím papírem a pečte 20-25 minut nebo do zlatova.
h) Před podáváním necháme mírně vychladnout.

30. Salsa Chicken Turnovers

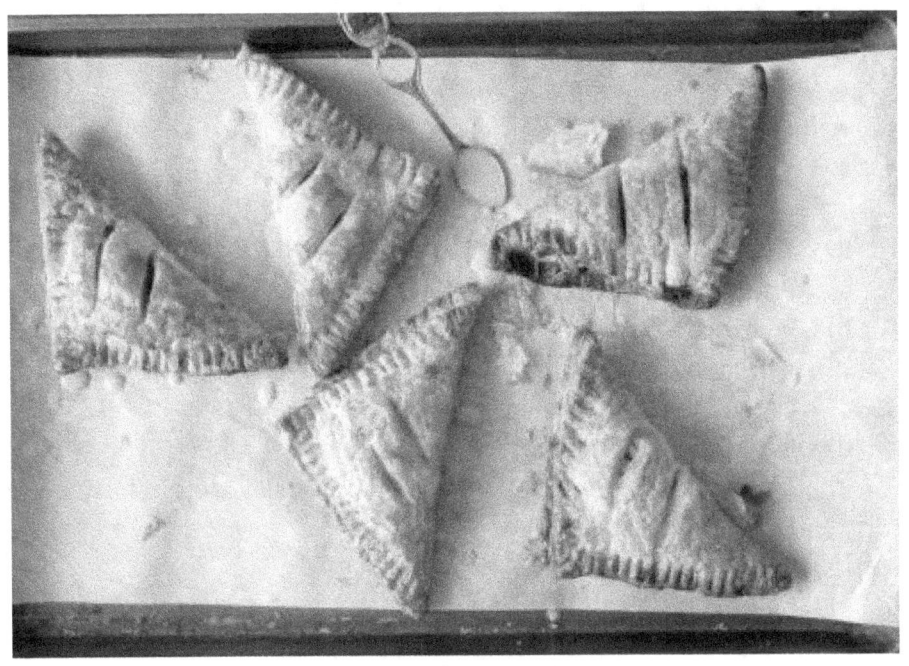

SLOŽENÍ:

- 2 šálky vařeného kuřete, nakrájeného na kousky
- 1/2 šálku salsy
- 1/4 šálku zakysané smetany
- 1/4 šálku strouhaného sýra čedar
- 1 balení listového těsta, rozmražené
- 1 vejce, rozšlehané

INSTRUKCE:

a) Předehřejte troubu na 375 °F (190 °C).
b) V misce smíchejte nakrájené kuřecí maso, salsu, zakysanou smetanu a nastrouhaný sýr čedar.
c) Listové těsto vyválíme a nakrájíme na čtverce.
d) Na každý čtverec položte lžíci kuřecí směsi salsy.
e) Těsto přehneme přes náplň tak, aby vznikly trojúhelníky a okraje zapečeme vidličkou.
f) Obraty potřeme rozšlehaným vejcem.
g) Položte na plech vyložený pečicím papírem a pečte 20-25 minut nebo do zlatova.
h) Před podáváním necháme mírně vychladnout.

31. Buffalo Chicken Turnovers

SLOŽENÍ:
- 2 šálky vařeného kuřete, nakrájeného na kousky
- 1/4 šálku buvolí omáčky
- 2 lžíce rančového dresinku
- 1/4 šálku rozdrobeného modrého sýra
- 1 balení listového těsta, rozmražené
- 1 vejce, rozšlehané

INSTRUKCE:
a) Předehřejte troubu na 375 °F (190 °C).
b) V misce smíchejte nakrájené kuřecí maso, buvolí omáčku, rančový dresink a rozdrobený modrý sýr.
c) Listové těsto vyválíme a nakrájíme na čtverce.
d) Na každý čtverec položte lžíci směsi buvolího kuřete.
e) Těsto přehneme přes náplň tak, aby vznikly trojúhelníky a okraje zapečeme vidličkou.
f) Obraty potřeme rozšlehaným vejcem.
g) Položte na plech vyložený pečicím papírem a pečte 20-25 minut nebo do zlatova.
h) Před podáváním necháme mírně vychladnout.

32. Houbové kuřecí obraty

SLOŽENÍ:
- 2 šálky vařeného kuřete, nakrájeného na kousky
- 1 šálek nakrájených hub
- 1/4 šálku nakrájené cibule
- 1/4 šálku smetanového sýra
- Sůl a pepř na dochucení
- 1 balení listového těsta, rozmražené
- 1 vejce, rozšlehané

INSTRUKCE:
a) Předehřejte troubu na 375 °F (190 °C).
b) Na pánvi orestujte nakrájené houby a nakrájenou cibuli, dokud nezměknou.
c) V misce smícháme nakrájené kuřecí maso, orestované žampiony a cibuli, smetanový sýr, sůl a pepř.
d) Listové těsto vyválíme a nakrájíme na čtverce.
e) Na každý čtverec položte lžíci houbové kuřecí směsi.
f) Těsto přehneme přes náplň tak, aby vznikly trojúhelníky a okraje zapečeme vidličkou.
g) Obraty potřeme rozšlehaným vejcem.
h) Položte na plech vyložený pečicím papírem a pečte 20-25 minut nebo do zlatova.
i) Před podáváním necháme mírně vychladnout.

33.Špenát a feta kuřecí obraty

SLOŽENÍ:

- 2 šálky vařeného kuřete, nakrájeného na kousky
- 1 šálek nakrájeného špenátu, uvařeného a scezeného
- 1/4 šálku rozdrobeného sýra feta
- 1/4 šálku nakrájených sušených rajčat
- Sůl a pepř na dochucení
- 1 balení listového těsta, rozmražené
- 1 vejce, rozšlehané

INSTRUKCE:

a) Předehřejte troubu na 375 °F (190 °C).
b) V míse smícháme nakrájené kuřecí maso, nakrájený špenát, rozdrobený sýr feta, na kostičky nakrájená sušená rajčata, sůl a pepř.
c) Listové těsto vyválíme a nakrájíme na čtverce.
d) Na každý čtverec položte lžíci směsi špenátu a kuřecího feta.
e) Těsto přehneme přes náplň tak, aby vznikly trojúhelníky a okraje zapečeme vidličkou.
f) Obraty potřeme rozšlehaným vejcem.
g) Položte na plech vyložený pečicím papírem a pečte 20-25 minut nebo do zlatova.
h) Před podáváním necháme mírně vychladnout.

34. Grilované kuřecí obraty

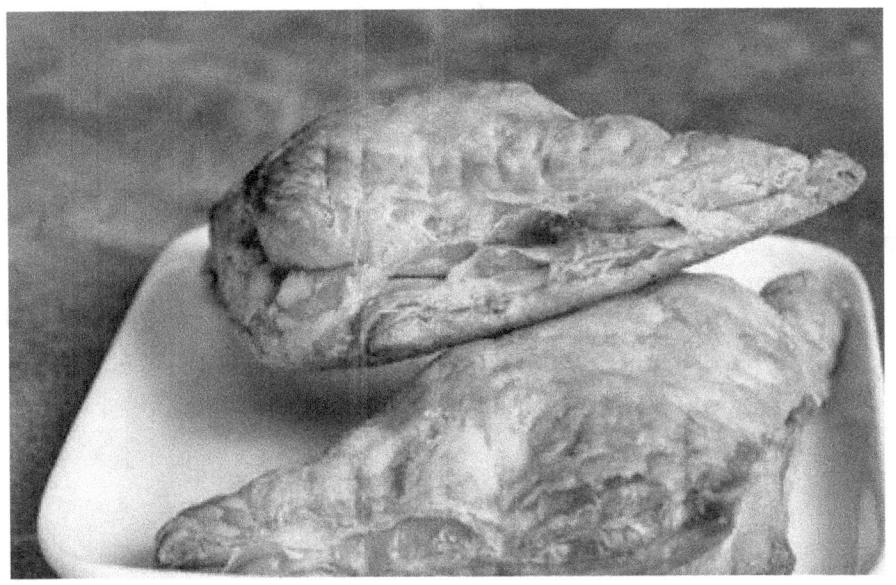

SLOŽENÍ:
- 2 šálky vařeného kuřete, nakrájeného na kousky
- 1/2 šálku barbecue omáčky
- 1/4 šálku nakrájené červené cibule
- 1/4 šálku strouhaného sýra mozzarella
- Sůl a pepř na dochucení
- 1 balení listového těsta, rozmražené
- 1 vejce, rozšlehané

INSTRUKCE:
a) Předehřejte troubu na 375 °F (190 °C).
b) V misce smíchejte nakrájené kuřecí maso, barbecue omáčku, červenou cibuli nakrájenou na kostičky, strouhaný sýr mozzarella, sůl a pepř.
c) Listové těsto vyválíme a nakrájíme na čtverce.
d) Na každý čtverec položte lžíci grilované kuřecí směsi.
e) Těsto přehneme přes náplň tak, aby vznikly trojúhelníky a okraje zapečeme vidličkou.
f) Obraty potřeme rozšlehaným vejcem.
g) Položte na plech vyložený pečicím papírem a pečte 20-25 minut nebo do zlatova.
h) Před podáváním necháme mírně vychladnout.

35.Caprese Chicken Turnovers

SLOŽENÍ:
- 2 šálky vařeného kuřete, nakrájeného na kousky
- 1 šálek nakrájených rajčat
- 1/4 šálku nasekané čerstvé bazalky
- 1/4 šálku strouhaného sýra mozzarella
- Sůl a pepř na dochucení
- 1 balení listového těsta, rozmražené
- 1 vejce, rozšlehané

INSTRUKCE:
a) Předehřejte troubu na 375 °F (190 °C).
b) V misce smíchejte nakrájené kuřecí maso, nakrájená rajčata, nasekanou čerstvou bazalku, nastrouhaný sýr mozzarella, sůl a pepř.
c) Listové těsto vyválíme a nakrájíme na čtverce.
d) Na každý čtverec položte lžíci kuřecí směsi Caprese.
e) Těsto přehneme přes náplň tak, aby vznikly trojúhelníky a okraje zapečeme vidličkou.
f) Obraty potřeme rozšlehaným vejcem.
g) Položte na plech vyložený pečicím papírem a pečte 20-25 minut nebo do zlatova.
h) Před podáváním necháme mírně vychladnout.

36. Řecké kuřecí obraty

SLOŽENÍ:

- 2 šálky vařeného kuřete, nakrájeného na kousky
- 1/2 šálku nakrájené okurky
- 1/4 šálku nakrájené červené cibule
- 1/4 šálku rozdrobeného sýra feta
- 1 lžíce nasekaného čerstvého kopru
- Sůl a pepř na dochucení
- 1 balení listového těsta, rozmražené
- 1 vejce, rozšlehané

INSTRUKCE:

a) Předehřejte troubu na 375 °F (190 °C).
b) V misce smícháme nakrájené kuřecí maso, na kostičky nakrájenou okurku, na kostičky nakrájenou červenou cibuli, rozdrobený sýr feta, nasekaný čerstvý kopr, sůl a pepř.
c) Listové těsto vyválíme a nakrájíme na čtverce.
d) Na každý čtverec položte lžíci směsi řeckého kuřete.
e) Těsto přehneme přes náplň tak, aby vznikly trojúhelníky a okraje zapečeme vidličkou.
f) Obraty potřeme rozšlehaným vejcem.
g) Položte na plech vyložený pečicím papírem a pečte 20-25 minut nebo do zlatova.
h) Před podáváním necháme mírně vychladnout.

37. Kuřecí pesto obraty

SLOŽENÍ:
- 2 šálky vařeného kuřete, nakrájeného na kousky
- 1/4 šálku pesto omáčky
- 1/4 šálku nakrájených sušených rajčat
- 1/4 šálku strouhaného parmazánu
- Sůl a pepř na dochucení
- 1 balení listového těsta, rozmražené
- 1 vejce, rozšlehané

INSTRUKCE:
a) Předehřejte troubu na 375 °F (190 °C).
b) V misce smícháme nakrájené kuřecí maso, pesto omáčku, na kostičky nakrájená sušená rajčata, strouhaný parmazán, sůl a pepř.
c) Listové těsto vyválíme a nakrájíme na čtverce.
d) Na každý čtverec položte lžíci směsi kuřete s pestem.
e) Těsto přehneme přes náplň tak, aby vznikly trojúhelníky a okraje zapečeme vidličkou.
f) Obraty potřeme rozšlehaným vejcem.
g) Položte na plech vyložený pečicím papírem a pečte 20-25 minut nebo do zlatova.
h) Před podáváním necháme mírně vychladnout.

38. Obraty kuřete Cajun

SLOŽENÍ:

- 2 šálky vařeného kuřete, nakrájeného na kousky
- 1/4 šálku nakrájené papriky
- 1/4 šálku nakrájené cibule
- 1/4 šálku celeru nakrájeného na kostičky
- 1 lžíce cajunského koření
- 1/4 šálku majonézy
- Sůl a pepř na dochucení
- 1 balení listového těsta, rozmražené
- 1 vejce, rozšlehané

INSTRUKCE:

a) Předehřejte troubu na 375 °F (190 °C).
b) V misce smíchejte nakrájené kuřecí maso, nakrájenou papriku, nakrájenou cibuli, nakrájený celer, cajunské koření, majonézu, sůl a pepř.
c) Listové těsto vyválíme a nakrájíme na čtverce.
d) Na každý čtverec položte lžíci cajunské kuřecí směsi.
e) Těsto přehneme přes náplň tak, aby vznikly trojúhelníky a okraje zapečeme vidličkou.
f) Obraty potřeme rozšlehaným vejcem.
g) Položte na plech vyložený pečicím papírem a pečte 20-25 minut nebo do zlatova.
h) Před podáváním necháme mírně vychladnout.

39.Kuřecí florentské obraty

SLOŽENÍ:
- 2 šálky vařeného kuřete, nakrájeného na kousky
- 1 šálek nakrájeného špenátu, uvařeného a scezeného
- 1/4 šálku sýra ricotta
- 1/4 šálku strouhaného sýra mozzarella
- 1/4 šálku strouhaného parmazánu
- Sůl a pepř na dochucení
- 1 balení listového těsta, rozmražené
- 1 vejce, rozšlehané

INSTRUKCE:
a) Předehřejte troubu na 375 °F (190 °C).
b) V misce smícháme nakrájené kuřecí maso, nakrájený špenát, sýr ricotta, strouhaný sýr mozzarella, nastrouhaný parmazán, sůl a pepř.
c) Listové těsto vyválíme a nakrájíme na čtverce.
d) Na každý čtverec položte lžíci kuřecí florentské směsi.
e) Těsto přehneme přes náplň tak, aby vznikly trojúhelníky a okraje zapečeme vidličkou.
f) Obraty potřeme rozšlehaným vejcem.
g) Položte na plech vyložený pečicím papírem a pečte 20-25 minut nebo do zlatova.
h) Před podáváním necháme mírně vychladnout.

40. Kuřecí pesto a obrat sušených rajčat

SLOŽENÍ:
- 2 šálky vařeného kuřete, nakrájeného na kousky
- 1/4 šálku pesto omáčky
- 1/4 šálku nakrájených sušených rajčat
- 1/4 šálku strouhaného sýra mozzarella
- Sůl a pepř na dochucení
- 1 balení listového těsta, rozmražené
- 1 vejce, rozšlehané

INSTRUKCE:
a) Předehřejte troubu na 375 °F (190 °C).
b) V misce smícháme nakrájené kuřecí maso, pesto omáčku, nakrájená sušená rajčata, nastrouhanou mozzarellu, sůl a pepř.
c) Listové těsto vyválíme a nakrájíme na čtverce.
d) Na každý čtverec položte lžíci směsi kuřecího pesta.
e) Těsto přehneme přes náplň tak, aby vznikly trojúhelníky a okraje zapečeme vidličkou.
f) Obraty potřeme rozšlehaným vejcem.
g) Položte na plech vyložený pečicím papírem a pečte 20-25 minut nebo do zlatova.
h) Před podáváním necháme mírně vychladnout.

41. Kuřecí maso a houby s česnekovou smetanovou omáčkou

SLOŽENÍ:
- 2 šálky vařeného kuřete, nakrájeného na kousky
- 1 šálek nakrájených hub
- 2 stroužky česneku, mleté
- 1/4 šálku husté smetany
- Sůl a pepř na dochucení
- 1 balení listového těsta, rozmražené
- 1 vejce, rozšlehané

INSTRUKCE:
a) Předehřejte troubu na 375 °F (190 °C).
b) Na pánvi orestujte nakrájené houby a prolisovaný česnek, dokud houby nejsou zlatavě hnědé a měkké.
c) Na pánev přidejte nakrájené kuřecí maso a restujte, dokud se nezahřeje. Vmícháme hustou smetanu a vaříme do mírného zhoustnutí. Dochuťte solí a pepřem podle chuti.
d) Listové těsto vyválíme a nakrájíme na čtverce.
e) Na každý čtverec položte lžíci směsi kuřete a hub.
f) Těsto přehneme přes náplň tak, aby vznikly trojúhelníky a okraje zapečeme vidličkou.
g) Obraty potřeme rozšlehaným vejcem.
h) Položte na plech vyložený pečicím papírem a pečte 20-25 minut nebo do zlatova.
i) Před podáváním necháme mírně vychladnout.

OBRATY HOVĚZÍHO A JEHNĚČÍHO

42.Obraty cheeseburgerů

SLOŽENÍ:
- 1 lb mletého hovězího masa
- 1/2 šálku nakrájené cibule
- 1/2 šálku nakrájených rajčat
- 1/2 šálku strouhaného sýra čedar
- 2 lžíce kečupu
- 1 lžíce hořčice
- Sůl a pepř na dochucení
- 1 balení listového těsta, rozmražené
- 1 vejce, rozšlehané

INSTRUKCE:
a) Předehřejte troubu na 375 °F (190 °C).
b) Na pánvi vaříme mleté hovězí maso a na kostičky nakrájenou cibuli, dokud hovězí maso nezhnědne a cibule nezměkne. Přebytečný tuk slijte.
c) Vmícháme na kostičky nakrájená rajčata, strouhaný sýr čedar, kečup, hořčici, sůl a pepř.
d) Listové těsto vyválíme a nakrájíme na čtverce.
e) Na každý čtverec položte lžíci směsi na cheeseburger.
f) Těsto přehneme přes náplň tak, aby vznikly trojúhelníky a okraje zapečeme vidličkou.
g) Obraty potřeme rozšlehaným vejcem.
h) Položte na plech vyložený pečicím papírem a pečte 20-25 minut nebo do zlatova.
i) Před podáváním necháme mírně vychladnout.

43. Obraty vločkovitého hovězího masa

SLOŽENÍ:
- 1 lb hovězí svíčkové, nakrájené na tenké plátky
- 1/2 šálku nakrájené cibule
- 1/2 šálku nakrájené papriky
- 1/2 šálku nakrájených hub
- 2 stroužky česneku, mleté
- Sůl a pepř na dochucení
- 1 balení listového těsta, rozmražené
- 1 vejce, rozšlehané

INSTRUKCE:
a) Předehřejte troubu na 375 °F (190 °C).
b) Na pánvi orestujte hovězí svíčkovou, na kostičky nakrájenou cibuli, na kostičky nakrájenou papriku, na kostičky nakrájené žampiony a prolisovaný česnek, dokud není hovězí maso propečené a zelenina změklá. Dochuťte solí a pepřem.
c) Listové těsto vyválíme a nakrájíme na čtverce.
d) Na každý čtverec položte lžíci hovězí směsi.
e) Těsto přehneme přes náplň tak, aby vznikly trojúhelníky a okraje zapečeme vidličkou.
f) Obraty potřeme rozšlehaným vejcem.
g) Položte na plech vyložený pečicím papírem a pečte 20-25 minut nebo do zlatova.
h) Před podáváním necháme mírně vychladnout.

44. Obraty mletého hovězího masa

SLOŽENÍ:

- 1 lb mletého hovězího masa
- 1/2 šálku nakrájené cibule
- 1/2 šálku nakrájené mrkve
- 1/2 šálku nakrájených brambor
- 1/2 šálku mraženého hrášku
- 1 lžíce worcesterské omáčky
- Sůl a pepř na dochucení
- 1 balení listového těsta, rozmražené
- 1 vejce, rozšlehané

INSTRUKCE:

a) Předehřejte troubu na 375 °F (190 °C).
b) Na pánvi vaříme mleté hovězí maso a na kostičky nakrájenou cibuli, dokud hovězí maso nezhnědne a cibule nezměkne. Přebytečný tuk slijte.
c) Vmíchejte na kostičky nakrájenou mrkev, nakrájené brambory, mražený hrášek, worcesterskou omáčku, sůl a pepř. Vařte, dokud zelenina nezměkne.
d) Listové těsto vyválíme a nakrájíme na čtverce.
e) Na každý čtverec položte lžíci směsi mletého hovězího masa.
f) Těsto přehneme přes náplň tak, aby vznikly trojúhelníky a okraje zapečeme vidličkou.
g) Obraty potřeme rozšlehaným vejcem.
h) Položte na plech vyložený pečicím papírem a pečte 20-25 minut nebo do zlatova.
i) Před podáváním necháme mírně vychladnout.

45. Italské obraty masa

SLOŽENÍ:
- 1/2 lb mletého hovězího masa
- 1/2 lb italské klobásy
- 1/2 šálku omáčky marinara
- 1/4 šálku strouhaného parmazánu
- 1/4 šálku nasekané čerstvé bazalky
- Sůl a pepř na dochucení
- 1 balení listového těsta, rozmražené
- 1 vejce, rozšlehané

INSTRUKCE:
a) Předehřejte troubu na 375 °F (190 °C).
b) Na pánvi vařte mleté hovězí maso a italskou klobásu, dokud nezhnědnou a neprovaří. Přebytečný tuk slijte.
c) Vmíchejte omáčku marinara, strouhaný parmazán, nasekanou čerstvou bazalku, sůl a pepř.
d) Listové těsto vyválíme a nakrájíme na čtverce.
e) Na každý čtverec položte lžíci italské masové směsi.
f) Těsto přehneme přes náplň tak, aby vznikly trojúhelníky a okraje zapečeme vidličkou.
g) Obraty potřeme rozšlehaným vejcem.
h) Položte na plech vyložený pečicím papírem a pečte 20-25 minut nebo do zlatova.
i) Před podáváním necháme mírně vychladnout.

46. Obraty Rubena

SLOŽENÍ:
- 1/2 lb hovězího masa nakrájeného na tenké plátky
- 1 hrnek kysaného zelí, okapané
- 1/2 šálku strouhaného švýcarského sýra
- 1/4 šálku zálivky Thousand Island
- 1 balení listového těsta, rozmražené
- 1 vejce, rozšlehané

INSTRUKCE:
a) Předehřejte troubu na 375 °F (190 °C).
b) Listové těsto vyválíme a nakrájíme na čtverce.
c) Na každý čtverec položte plátek uzeného hovězího masa, následovaný lžící kysaného zelí, strouhaným švýcarským sýrem a dresinkem Thousand Island.
d) Těsto přehneme přes náplň tak, aby vznikly trojúhelníky a okraje zapečeme vidličkou.
e) Obraty potřeme rozšlehaným vejcem.
f) Položte na plech vyložený pečicím papírem a pečte 20-25 minut nebo do zlatova.
g) Před podáváním necháme mírně vychladnout.

47. Miniobraty klobás a brambor

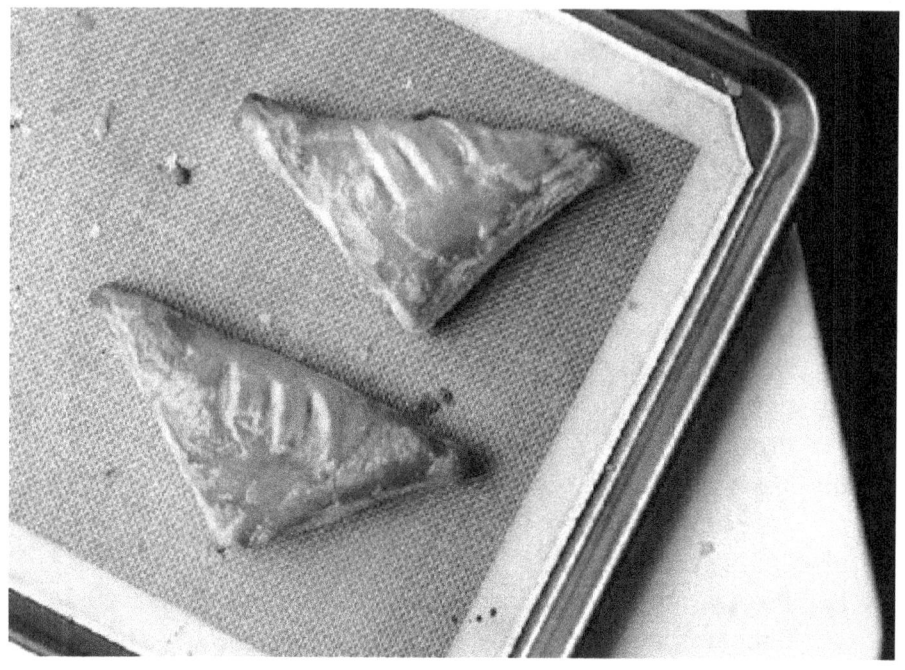

SLOŽENÍ:
- 1/2 lb mleté klobásy
- 1 šálek nakrájených brambor, vařené
- 1/4 šálku nakrájené cibule
- 1/4 šálku strouhaného sýra čedar
- Sůl a pepř na dochucení
- 1 balení listového těsta, rozmražené
- 1 vejce, rozšlehané

INSTRUKCE:
a) Předehřejte troubu na 375 °F (190 °C).
b) Na pánvi vaříme mletou klobásu a na kostičky nakrájenou cibuli, dokud klobása nezhnědne a cibule nezměkne. Přebytečný tuk slijte.
c) Vmícháme na kostičky nakrájené brambory, strouhaný sýr čedar, sůl a pepř.
d) Listové těsto vyválíme a nakrájíme na čtverce.
e) Na každý čtverec položte lžíci směsi klobás a brambor.
f) Těsto přehneme přes náplň tak, aby vznikly trojúhelníky a okraje zapečeme vidličkou.
g) Obraty potřeme rozšlehaným vejcem.
h) Položte na plech vyložený pečicím papírem a pečte 20-25 minut nebo do zlatova.
i) Před podáváním necháme mírně vychladnout.

48. Obraty klobás a hub

SLOŽENÍ:
- 1/2 lb mleté klobásy
- 1 šálek nakrájených hub
- 1/4 šálku nakrájené cibule
- 1/4 šálku strouhaného sýra mozzarella
- Sůl a pepř na dochucení
- 1 balení listového těsta, rozmražené
- 1 vejce, rozšlehané

INSTRUKCE:
a) Předehřejte troubu na 375 °F (190 °C).
b) Na pánvi vaříme mletou klobásu, nakrájené houby a na kostičky nakrájenou cibuli, dokud klobása nezhnědne a houby nezměknou. Přebytečný tuk slijte.
c) Vmícháme nastrouhanou mozzarellu, sůl a pepř.
d) Listové těsto vyválíme a nakrájíme na čtverce.
e) Na každý čtverec položte lžíci směsi klobás a hub.
f) Těsto přehneme přes náplň tak, aby vznikly trojúhelníky a okraje zapečeme vidličkou.
g) Obraty potřeme rozšlehaným vejcem.
h) Položte na plech vyložený pečicím papírem a pečte 20-25 minut nebo do zlatova.
i) Před podáváním necháme mírně vychladnout.

49. Obraty uzené šunky a kozího sýra

SLOŽENÍ:
- 1/2 lb uzené šunky, nakrájené na tenké plátky
- 1/2 šálku rozdrobeného kozího sýra
- 1/4 šálku nasekané čerstvé petrželky
- Sůl a pepř na dochucení
- 1 balení listového těsta, rozmražené
- 1 vejce, rozšlehané

INSTRUKCE:
a) Předehřejte troubu na 375 °F (190 °C).
b) Listové těsto vyválíme a nakrájíme na čtverce.
c) Na každý čtverec položte plátek uzené šunky, poté lžíci nadrobeného kozího sýra, nasekanou čerstvou petrželku, sůl a pepř.
d) Těsto přehneme přes náplň tak, aby vznikly trojúhelníky a okraje zapečeme vidličkou.
e) Obraty potřeme rozšlehaným vejcem.
f) Položte na plech vyložený pečicím papírem a pečte 20-25 minut nebo do zlatova.
g) Před podáváním necháme mírně vychladnout.

50. Obrat mongolského hovězího masa

SLOŽENÍ:
- 1 lb flank steak, nakrájený na tenké plátky
- 1/4 šálku sójové omáčky
- 2 lžíce hoisin omáčky
- 2 lžíce hnědého cukru
- 2 stroužky česneku, mleté
- 1 lžíce strouhaného zázvoru
- 2 zelené cibule, nakrájené
- Sůl a pepř na dochucení
- 1 balení listového těsta, rozmražené
- 1 vejce, rozšlehané

INSTRUKCE:
a) Předehřejte troubu na 375 °F (190 °C).
b) V misce smíchejte sójovou omáčku, omáčku hoisin, hnědý cukr, mletý česnek, nastrouhaný zázvor, nakrájenou zelenou cibulku, sůl a pepř.
c) Do mísy přidejte na tenké plátky nakrájený flank steak a nechte 30 minut marinovat.
d) Na pánvi opečte marinované hovězí maso, dokud nezhnědne.
e) Listové těsto vyválíme a nakrájíme na čtverce.
f) Na každý čtverec položte lžíci vařeného mongolského hovězího masa.
g) Těsto přehneme přes náplň tak, aby vznikly trojúhelníky a okraje zapečeme vidličkou.
h) Obraty potřeme rozšlehaným vejcem.
i) Položte na plech vyložený pečicím papírem a pečte 20-25 minut nebo do zlatova.
j) Před podáváním necháme mírně vychladnout.

51.Obrat jehněčího a feta

SLOŽENÍ:

- 1 lb mletého jehněčího
- 1/2 šálku nakrájené cibule
- 1/2 šálku nakrájených rajčat
- 1/4 šálku rozdrobeného sýra feta
- 2 lžíce nasekané čerstvé máty
- Sůl a pepř na dochucení
- 1 balení listového těsta, rozmražené
- 1 vejce, rozšlehané

INSTRUKCE:

a) Předehřejte troubu na 375 °F (190 °C).
b) Na pánvi vaříme mleté jehněčí maso a nakrájenou cibuli, dokud jehněčí nezhnědne a cibule nezměkne. Přebytečný tuk slijte.
c) Vmíchejte na kostičky nakrájená rajčata, rozdrobený sýr feta, nasekanou čerstvou mátu, sůl a pepř.
d) Listové těsto vyválíme a nakrájíme na čtverce.
e) Na každý čtverec položte lžíci směsi jehněčího a feta.
f) Těsto přehneme přes náplň tak, aby vznikly trojúhelníky a okraje zapečeme vidličkou.
g) Obraty potřeme rozšlehaným vejcem.
h) Položte na plech vyložený pečicím papírem a pečte 20-25 minut nebo do zlatova.
i) Před podáváním necháme mírně vychladnout.

52. Obraty hovězího masa a brokolice

SLOŽENÍ:
- 1 lb hovězí svíčkové, nakrájené na tenké plátky
- 2 šálky růžičky brokolice, blanšírované
- 1/4 šálku sójové omáčky
- 2 stroužky česneku, mleté
- 1 lžíce strouhaného zázvoru
- 2 zelené cibule, nakrájené
- Sůl a pepř na dochucení
- 1 balení listového těsta, rozmražené
- 1 vejce, rozšlehané

INSTRUKCE:
a) Předehřejte troubu na 375 °F (190 °C).
b) V misce smíchejte sójovou omáčku, mletý česnek, nastrouhaný zázvor, nakrájenou zelenou cibulku, sůl a pepř.
c) Do mísy přidejte na tenké plátky nakrájenou hovězí svíčkovou a nechte 30 minut marinovat.
d) Na pánvi opečte marinované hovězí maso, dokud nezhnědne.
e) Listové těsto vyválíme a nakrájíme na čtverce.
f) Na každý čtvereček položte několik blanšírovaných růžic brokolice a lžíci vařeného hovězího masa.
g) Těsto přehneme přes náplň tak, aby vznikly trojúhelníky a okraje zapečeme vidličkou.
h) Obraty potřeme rozšlehaným vejcem.
i) Položte na plech vyložený pečicím papírem a pečte 20-25 minut nebo do zlatova.
j) Před podáváním necháme mírně vychladnout.

53. Pikantní jehněčí obraty

SLOŽENÍ:
- 1 lb mletého jehněčího
- 1/2 šálku nakrájené cibule
- 1/4 šálku nakrájené papriky
- 2 lžíce rajčatového protlaku
- 1 lžíce pasty harissa
- 1 lžička mletého kmínu
- 1 lžička mletého koriandru
- Sůl a pepř na dochucení
- 1 balení listového těsta, rozmražené
- 1 vejce, rozšlehané

INSTRUKCE:
a) Předehřejte troubu na 375 °F (190 °C).
b) Na pánvi vařte mleté jehněčí maso, nakrájenou cibuli a nakrájenou papriku, dokud jehněčí nezhnědne a zelenina nezměkne. Přebytečný tuk slijte.
c) Vmíchejte rajčatový protlak, harissa pastu, mletý kmín, mletý koriandr, sůl a pepř.
d) Listové těsto vyválíme a nakrájíme na čtverce.
e) Na každý čtverec položte lžíci pikantní jehněčí směsi.
f) Těsto přehneme přes náplň tak, aby vznikly trojúhelníky a okraje zapečeme vidličkou.
g) Obraty potřeme rozšlehaným vejcem.
h) Položte na plech vyložený pečicím papírem a pečte 20-25 minut nebo do zlatova.
i) Před podáváním necháme mírně vychladnout.

OBRATY RYB A mořských plodů

54. Obraty langust

SLOŽENÍ:
- 1 lb vařených langust, oloupaných
- 1/2 šálku nakrájené papriky
- 1/2 šálku nakrájené cibule
- 2 stroužky česneku, mleté
- 1/4 šálku nasekané petrželky
- 1/4 šálku husté smetany
- Sůl a pepř na dochucení
- 1 balení listového těsta, rozmražené
- 1 vejce, rozšlehané

INSTRUKCE:
a) Předehřejte troubu na 375 °F (190 °C).
b) Na pánvi orestujte na kostičky nakrájenou papriku, nakrájenou cibuli a prolisovaný česnek, dokud nezměknou.
c) Přidejte vařené ocasy langust na pánev a vařte další 2-3 minuty.
d) Vmícháme nasekanou petrželku, smetanu, sůl a pepř. Vařte další 2 minuty, dokud směs mírně nezhoustne.
e) Listové těsto vyválíme a nakrájíme na čtverce.
f) Na každý čtverec položte lžíci langusty.
g) Těsto přehneme přes náplň tak, aby vznikly trojúhelníky a okraje zapečeme vidličkou.
h) Obraty potřeme rozšlehaným vejcem.
i) Položte na plech vyložený pečicím papírem a pečte 20-25 minut nebo do zlatova.
j) Před podáváním necháme mírně vychladnout.

55.Obraty hřebenatek a slaniny

SLOŽENÍ:
- 1 lb mořské mušle, nakrájené
- 6 plátků slaniny, uvařených a rozdrobených
- 1/4 šálku nakrájené cibule
- 1/4 šálku nakrájené papriky
- 1/4 šálku strouhaného sýra Gruyere
- Sůl a pepř na dochucení
- 1 balení listového těsta, rozmražené
- 1 vejce, rozšlehané

INSTRUKCE:
a) Předehřejte troubu na 375 °F (190 °C).
b) Na pánvi orestujte nakrájené mořské mušle, rozdrobenou vařenou slaninu, nakrájenou cibuli a nakrájenou papriku, dokud nejsou mušle propečené a zelenina změkne. Dochuťte solí a pepřem.
c) Vmíchejte nastrouhaný sýr Gruyere, dokud se nerozpustí.
d) Listové těsto vyválíme a nakrájíme na čtverce.
e) Na každý čtverec položte lžíci směsi mušlí a slaniny.
f) Těsto přehneme přes náplň tak, aby vznikly trojúhelníky a okraje zapečeme vidličkou.
g) Obraty potřeme rozšlehaným vejcem.
h) Položte na plech vyložený pečicím papírem a pečte 20-25 minut nebo do zlatova.
i) Před podáváním necháme mírně vychladnout.

56.Obraty krevet Scampi

SLOŽENÍ:
- 1 lb vařené krevety, oloupané a zbavené
- 1/4 šálku nakrájené cibule
- 2 stroužky česneku, mleté
- 2 lžíce másla
- 1/4 šálku bílého vína
- 2 lžíce citronové šťávy
- 1 lžíce nasekané petrželky
- Sůl a pepř na dochucení
- 1 balení listového těsta, rozmražené
- 1 vejce, rozšlehané

INSTRUKCE:
a) Předehřejte troubu na 375 °F (190 °C).
b) Na pánvi rozpustíme máslo a orestujeme na kostičky nakrájenou cibuli a prolisovaný česnek, dokud nezměknou.
c) Přidejte vařené krevety na pánev a vařte 2-3 minuty.
d) Vmícháme bílé víno, citronovou šťávu, nasekanou petrželku, sůl a pepř. Vaříme, dokud se omáčka mírně nezredukuje.
e) Listové těsto vyválíme a nakrájíme na čtverce.
f) Na každý čtverec položte lžíci směsi krevetových krevet.
g) Těsto přehneme přes náplň tak, aby vznikly trojúhelníky a okraje zapečeme vidličkou.
h) Obraty potřeme rozšlehaným vejcem.
i) Položte na plech vyložený pečicím papírem a pečte 20-25 minut nebo do zlatova.
j) Před podáváním necháme mírně vychladnout.

57. Obraty tuňáků

SLOŽENÍ:
NA TĚSTO:
- 300 gramů mouky
- 1 lžička soli (5 g)
- 1 balení sušeného droždí (10 g)
- 25 gramů sádla nebo ghí, rozpuštěného
- 2 vejce, lehce rozšlehaná
- 80 mililitrů Mléko, ohřáté

K NÁPLNĚ:
- 2 lžíce olivového oleje
- 300 mililitrů Rajčatový protlak nebo 300 g rajčat nakrájených na čtvrtiny
- 2 červené papriky, zbavené semínek a nakrájené na proužky
- 1 stroužek česneku, drcený
- 1 konzerva tuňáka v oleji, okapaný a ve vločkách (400 g)
- Sůl a čerstvě mletý černý pepř podle chuti

INSTRUKCE:
PŘÍPRAVA TĚSTA:
a) Do mísy prosejeme mouku a sůl a poté vmícháme sušené droždí.
b) Uprostřed suchých surovin udělejte důlek a přidejte rozpuštěné sádlo nebo ghí a rozšlehaná vejce. Důkladně promíchejte.
c) Postupně přidávejte ohřáté mléko, aby se směs spojila do měkkého těsta.
d) Těsto hněteme na lehce pomoučené ploše dvě až tři minuty, dokud nebude hladké.
e) Těsto vrátíme do mísy, přikryjeme a necháme hodinu kynout.

PŘÍPRAVA NÁPLNĚ:
f) Na pánvi rozehřejte olivový olej a na čtvrtky nakrájená rajčata, proužky červené papriky a prolisovaný česnek opékejte asi 10 minut.
g) Vmícháme okapaného a ve vločkách tuňáka a dochutíme solí a čerstvě mletým černým pepřem. Tuňákovou náplň odložte stranou, aby vychladla.

MONTÁŽ A PEČENÍ:

h) Vykynuté těsto hněteme na lehce pomoučené ploše další tři minuty, poté jej vraťte do olejem vymazané mísy a nechte dalších 30 minut kynout.

i) Předehřejte troubu na 180 °C (350 °F) nebo plyn Mark 4.

j) Polovinu těsta rozválejte na lehce pomoučené ploše a vyložte jím obdélníkový pekáč.

k) Lžící rovnoměrně vmícháme připravenou náplň z tuňáka.

l) Okraje těsta potřeme vodou.

m) Zbylé těsto rozválíme a položíme na náplň. Okraje zajistěte a přebytečné těsto ořízněte.

n) Na vrchní krustě udělejte malé otvory pro páru a poprašte ji moukou.

o) Pečte v předehřáté troubě 30 až 45 minut, nebo dokud nejsou obrátky světle zlaté.

p) Vyjměte z trouby, nechte mírně vychladnout, poté nakrájejte a podávejte.

58. Obrat tresky galicijské

SLOŽENÍ:
TĚSTO
- 250 g hladké mouky (nebo 175 g hladké mouky a 75 g kukuřičné mouky)
- 75 ml teplé vody
- 50 ml olivového oleje
- 25 ml bílého vína
- 20 g čerstvého droždí
- ½ lžičky soli
- 1 vejce (na mytí vajec)

PLNICÍ
- 225 g Treska, odsolená
- 1 velká cibule, nakrájená
- 1 velká červená paprika, nakrájená
- 2 stroužky česneku, nakrájené
- 2 lžíce rajčatové omáčky
- 1 šálek rozinek
- 1 lžička mleté papriky
- 2 lžíce olivového oleje
- 1 lžička soli

INSTRUKCE:
TĚSTO
a) Vložte mouku do velké mísy.
b) Droždí rozpusťte v teplé vodě. Přidejte to do misky. Do mísy přidejte olivový olej, bílé víno a sůl.
c) Droždí rozpusťte v teplé vodě a přidejte všechny ingredience do mísy. Míchejte při nízké rychlosti po dobu 5 minut, dokud není těsto hladké.
d) Začněte míchat lžící a poté rukama. Těsto položte na čistou kuchyňskou linku a hněťte, dokud nebude hladké. Trvá to 8-10 minut. Vytvarujte jej do koule.
e) Posypte misku moukou a vložte kuličku dovnitř. Přikryjeme utěrkou a necháme 30 minut odpočinout.

PLNICÍ

f) Zahřejte 2 lžíce olivového oleje ve velké pánvi na mírném středním ohni. Vmícháme nakrájenou cibuli, papriku a česnek. Osolíme a vaříme na středním plameni do měkka a zlatavé barvy. Asi 15 minut.
g) Tresku nakrájejte na malé kousky. Přidejte tresku do pánve. Přidejte rajčatovou omáčku, rozinky a mletou papriku. Promíchejte a vařte 5 až 8 minut. Náplň by měla být trochu šťavnatá. Dát stranou.
h) Vytvarujte těsto a upečte (viz video níže)
i) Těsto rozdělte na dva stejné díly, jeden bude základ a druhý pokryje.
j) Předehřejte troubu na 200ºC. Horní a spodní ohřev. Na plech položte pečicí papír.
k) Natáhněte jeden z kusů válečkem, dokud nezískáte tenký plát o tloušťce přibližně 2-3 mm.
l) Těsto položte na plech.
m) Náplň rozetřete na těsto, ale ponechejte kolem okraje prostor, aby se otočky uzavřely.
n) Protáhněte druhý kus těsta. Musí mít stejnou velikost jako první list. Položte na náplň. Okraje utěsněte.
o) Povrch potřeme rozšlehaným vejcem a pečeme 30 minut dozlatova. 200ºC.
p) Před konzumací vyjměte z trouby a nechte vychladnout.

59. Obraty krevet

SLOŽENÍ:
NA TĚSTO:
- 3 hrnky univerzální mouky
- 1 lžička hrubé soli
- ½ lžičky mleté kurkumy
- ¼ lžičky bílého pepře
- 10 lžic nesoleného másla, chlazeného a nakrájeného
- 6 lžic vepřového sádla, chlazeného
- 1 vejce
- 1 vaječný žloutek
- ½ šálku Lite piva nebo vody

K NÁPLNĚ:
- 2 lžíce nesoleného másla
- 1 velká cibule, oloupaná a nakrájená
- 3 stroužky česneku
- 3 rajčata, nakrájená
- ½ lžičky mletého kardamomu
- ⅛ čajové lžičky mletého hřebíčku
- ¼ lžičky bílého pepře
- 1 lžička hrubé soli
- 1½ šálku Palmové srdce, okapané a nakrájené
- 3 lžíce petrželky
- 1 libra krevety, oloupané a zbavené

PRO TĚSNĚNÍ A LAZERU:
- 1 vaječný bílek
- 2 lžíce studené vody, mléka nebo smetany

INSTRUKCE:
PŘÍPRAVA TĚSTA:
a) Univerzální mouku prosejeme do mísy.
b) Přidejte vychlazené a nakrájené nesolené máslo a míchejte, dokud směs nebude připomínat hrubozrnnou mouku.
c) Přidejte vejce, žloutek a ¼ šálku studené vody. Pokračujte v míchání a přidávání vody, dokud nevznikne tuhé těsto.
d) Těsto hněteme, dokud není hladké, poté zabalíme a necháme 15–30 minut chladit.

PŘÍPRAVA NÁPLNĚ:
e) V malé pánvi rozehřejte nesolené máslo.
f) Přidejte nakrájenou cibuli a česnek a vařte na středním plameni, dokud cibule nezprůsvitní, což trvá asi 5 minut.
g) Přidejte nakrájená rajčata, mletý kardamom, mletý hřebíček, bílý pepř a sůl. Vařte asi 8 minut.
h) Přidejte nakrájená palmová srdce a vařte dalších 5 minut, nebo dokud se tekutina neodpaří.
i) Náplň odstavte a nechte ji vychladnout, nebo ji dobře přikrytou chlaďte přes noc.

VÝROBA TĚSNĚNÍ A glazury:
j) Smíchejte žloutek a studenou vodu, abyste vytvořili tmel a polevu. Dejte to stranou.

MONTÁŽ A PEČENÍ:
k) Předehřejte troubu na 400 stupňů Fahrenheita (200 stupňů Celsia).
l) Na pomoučené desce vyválejte těsto na tloušťku ⅛ palce a nakrájejte ho na 4palcové čtverce.
m) Odřezky těsta prohněťte a znovu je vyválejte, opakujte postup, abyste vytvořili čtverce, dokud nespotřebujete všechno těsto.
n) Do středu každého čtverce dejte jednu polévkovou lžíci náplně a navrch dejte krevety.
o) Okraje těsta navlhčete těsnicí hmotou a přeložením těsta přes náplň vytvořte trojúhelník.
p) Okraje k sobě přitiskněte vidličkou, aby se utěsnily.
q) Obrátky položte na plech vyložený pečicím papírem.
r) Turnovers potřeme zbylou polevou.
s) Pečte v předehřáté troubě 25 minut nebo dokud nezezlátnou.
t) Přeneste Turnovers na mřížku, aby mírně vychladly, a poté je podávejte teplé.
u) Vychutnejte si své lahodné Turnovers de Camarão plné voňavých krevet a palmových srdcí!

60. John Dory Turnovers

SLOŽENÍ:
Obraty TĚSTO:
- 1 vejce, lehce rozšlehané
- 375 g hladké mouky
- 1 lžička prášku do pečiva
- 65 g nesoleného chlazeného másla, nakrájeného

PLNICÍ:
- 100 ml hroznového oleje
- 700 g filetů John Dory (odstraněná kůže), jemně nasekaných
- 1 cibule, nakrájená nadrobno
- 1 malá červená kapie, nakrájená nadrobno
- 1 ½ lžíce sladké papriky
- 1 lžička sušeného oregana
- 2 lžičky mletého kmínu
- Sušené chilli vločky, podle chuti
- ½ šálku (75 g) rybízu
- 2 šálky (500 ml) rybího vývaru

INSTRUKCE:
NA TĚSTO:

a) Mouku, prášek do pečiva, 1 lžičku jemné soli a máslo dejte do kuchyňského robotu. Zpracovávejte, dokud směs nepřipomíná jemnou strouhanku.

b) Při běžícím motoru pomalu přidávejte 175 ml vody a zpracujte, dokud se směs nespojí. Vytvarujte do kotouče, zabalte do plastového obalu a poté dejte na 2 hodiny do chladničky.

K NÁPLNĚ:

c) Rozpalte velkou litinovou pánev na vysokou teplotu. Přidejte 25 ml oleje a nechte ho dosáhnout lehkého oparu.

d) Jakmile je olej horký, přidejte jednu čtvrtinu John Dory a pomocí lžíce nalámejte rybu na stejnoměrnou strukturu, jak se vaří a zhnědne, aby se netvořily velké hrudky. Ujistěte se, že ryba začne trochu chytat barvu (to bude trvat asi 1 minutu).

e) Lehce dochutíme jemnou solí a vyjmeme z pánve. Mleté maso nevylévejte, protože olej má hodně chuti a použije se ve finální směsi. Opakujte se zbývajícím olejem a rybou.

f) Snižte teplotu na střední. Přidejte cibuli a kapii a vařte za občasného míchání 8–10 minut, dokud nezměknou a lehce zbarví.

g) Přidejte papriku, oregano a kmín a lehce dochuťte jemnou solí a chilli, kolik potřebujete. Lehce opékejte 2 minuty. Přidejte rybíz a rybí vývar a na silném ohni přiveďte k varu.

h) Vařte 10–12 minut, dokud se nezredukuje a vývar nezhoustne a obalí zeleninu. Vmíchejte John Dory a okořeňte podle chuti, dochuťte solí a chilli. Přendejte do misky a nechte 30 minut chladit.

i) Na čistém povrchu popráseném moukou vyválejte těsto na tloušťku 2 mm.

j) Pomocí 8cm vykrajovátka nakrájejte 40 koleček těsta a odřezky převálejte. Navrstvěte mezi pečicí papír, aby se nepřilepil, a vychlaďte, dokud se trouba předehřeje.

PÉCT:

k) Troubu předehřejte na 220°C. 2 velké plechy vyložte pečicím papírem. Do středu každého kola těsta lžičkou naneste ¾ pl náplně.

l) Okraj potřeme vodou, přehneme tak, aby vznikl půlměsíc, a okraje zmáčkněte lehce pomoučněnou vidličkou.

m) Umístěte na připravené podnosy a potřete vajíčkem a poté nechte 30 minut chladit.

n) Pečte 15-20 minut dozlatova. Podávejte teplé s vločkami mořské soli.

61. Obraty kukuřice a humrů

SLOŽENÍ:
TĚSTO:
- 1 ¼ šálku vody
- 2 lžíce zeleninového tuku nebo sádla
- 1 lžíce soli
- 4 hrnky univerzální mouky
- 1 lžička šampaňského octa

PLNICÍ:
- ¼ šálku (½ tyčinky) nesoleného másla
- 2 lžíce nakrájené španělské cibule
- ¼ šálku plus 2 lžíce univerzální mouky
- 2 lžíce bílého vína
- 1 šálek plnotučného mléka
- 1 šálek kukuřičných zrn (konzervovaných nebo mražených)
- ¼ lžičky mletého kmínu
- ¼ lžičky sladké uzené papriky
- ⅛ lžičky mletého koriandru
- Sůl a pepř na dochucení
- 1 šálek nahrubo nakrájeného vařeného humra (z asi 1 libry humra, vařeného 7 minut a šokovaného v ledové vodě)
- ¾ šálku strouhaného ostrého sýra čedar
- 2 lžíce nasekané pažitky
- 2 žloutky smíchané se 2 lžícemi vody

INSTRUKCE:
PŘIPRAVTE TĚSTO:

a) V malém hrnci smíchejte vodu, tuk (nebo sádlo) a sůl. Přiveďte k varu, poté stáhněte z ohně a nechte 5 minut odpočívat.

b) Vložte mouku do mísy stojanového mixéru vybaveného hákem na těsto. Přidejte směs vody a šampaňského octa.

c) Míchejte na střední rychlost, dokud se nespojí, poté zvyšte rychlost a míchejte asi 5 minut, dokud těsto nevytvoří kouli a čistě se odlepí od stěn mísy. V případě potřeby přidejte lžíci vody.

d) Těsto vyjměte z mísy, přikryjte ho plastovým obalem a nechte 10 minut kynout při pokojové teplotě.

e) Těsto nakrájejte na čtvrtiny.

f) Pomocí válečku na těstoviny nebo válečku vyválejte kousek těsta na plát silný ⅛ palce.
g) Pomocí 4 ½-palcového kulatého vykrajovátka vyřízněte z listu 2 kruhy.
h) Kolečka těsta položte na plech vyložený pečicím papírem a přikryjte další vrstvou pergamenu. Opakujte se zbývajícími kousky těsta.
i) Dejte do lednice alespoň na 2 hodiny.

PŘIPRAVTE NÁPLŇ:
j) V těžké pánvi na středním ohni rozpustíme máslo.
k) Přidejte na kostičky nakrájenou cibuli a smažte, dokud nebude průhledná (asi 2 minuty).
l) Přidejte mouku a promíchejte, aby se spojila.
m) Přidejte bílé víno a mléko. Snižte teplotu a neustále míchejte, dokud směs nezhoustne (asi 2 minuty).
n) Přidejte kukuřici, kmín, papriku, koriandr a dochuťte solí a pepřem.
o) Odstraňte z ohně a přidejte humří maso, sýr čedar a pažitku. Dejte stranou vychladnout.

SESTAVTE Obraty:
p) Předehřejte troubu na 425°F.
q) Kolečka těsta položte na lehce pomoučněnou plochu.
r) Doprostřed kruhu dejte vrchovatou lžíci nádivky z kukuřičného humra.
s) Okraje těsta potřeme žloutkovou hmotou.
t) Kruh přehněte přes sebe, okraje přitiskněte prsty nebo vidličkou, aby se uzavřel, a položte na plech.
u) Opakujte, dokud nebudou vyplněny všechny obraty.
v) Pečte Turnovers, dokud nebudou zlatohnědé a nafouklé, což trvá asi 15 až 20 minut.
w) Obraty podávejte teplé.

62. Obraty česneku, bylinek a lososa

SLOŽENÍ:
- 2 chlazené koláčové krusty, změkčené
- 6 uncí uzeného lososa, ve vločkách
- 1 balení (5,2 unce) Boursin sýr s česnekem a bylinkami
- ½ šálku zakysané smetany
- 1 lžíce nasekané čerstvé pažitky (volitelně)

INSTRUKCE:
a) Zahřejte troubu na 425 ° F. Velký plech vyložte pečicím papírem nebo jej postříkejte sprejem na vaření.
b) Vyjměte koláčové kůry ze sáčků a položte je naplocho na pracovní plochu.
c) Každý koláč nakrájejte na 4 kusy ve tvaru klínu.

PŘIPRAVTE NÁPLŇ Z LOSOSA A SÝRU:
d) V malé misce smíchejte uzeného lososa a sýr Boursin s česnekem a bylinkami, dokud se dobře nespojí.

SESTAVTE Obraty:
e) Rozprostřete asi 2 polévkové lžíce směsi lososa a sýra rovnoměrně na polovinu každého klínku koláče a ponechejte ¼-palcový okraj kolem okrajů.
f) Okraje koláčové kůry potřete vodou, aby se utěsnily.
g) Nenaklepanou polovinu těsta přehneme přes náplň a vytvoříme trojúhelník. Okraje pevně zatlačte, aby se utěsnily.

Upečte obraty:
h) Umístěte sestavené obrátky na připravený plech.
i) Pečte v předehřáté troubě 12 až 17 minut nebo dokud nezezlátnou.
j) Jakmile jsou Turnovers upečené, okamžitě je sejměte z plechu a umístěte je na mřížku, aby asi 10 minut vychladly.

PŘIPRAVTE DIP Z KYSELÉ SMETANA:
k) Do malé misky nalijte zakysanou smetanu.
l) V případě potřeby posypte nasekanou čerstvou pažitkou.
m) Umístěte misku se zakysanou smetanou do středu servírovacího talíře.
n) Každý teplý Turnovers rozřízněte na polovinu, abyste vytvořili 2 trojúhelníky a rozmístěte je kolem mísy.
o) Vychutnejte si lahodné obraty z česneku, bylinek a lososa!

63.Obraty minikrabů

SLOŽENÍ:
PRO KRABI NÁPLŇ:
- 8 uncí Jumbo hrudkové krabí maso, odkapané
- ¼ šálku červené papriky, nakrájené na kostičky
- ¼ šálku čerstvé petrželky, jemně nasekané
- 2 lžíce čerstvé pažitky, nasekané nadrobno
- ½ šálku majonézy
- 4 unce šlehaného smetanového sýra
- 1 lžíce citronové šťávy
- ½ lžičky horké omáčky
- ¼ šálku panko strouhanky

PRO MONTÁŽ OBRAZŮ:
- 20 obracecích kotoučů, nakrájených na polovinu a rozmražených (postupujte podle pokynů na obalu)
- Voda pro utěsnění obratů (podívejte se na video v tomto receptu pro referenci)
- 1 palec hluboký kukuřičný olej na pánvi na smažení

INSTRUKCE:
POUŽITÍ PEČENÉHO KRABÍHO DIPU:
a) Krabí maso vložte do mísy a zlehka ho nastrouhejte.
b) Vmícháme na kostičky nakrájenou červenou papriku, najemno nasekanou petrželku a najemno nasekanou pažitku. Jemně promíchejte.
c) Přidejte majonézu, šlehačku, citronovou šťávu a horkou omáčku. Znovu jemně promíchejte.
d) Směs dejte do zapékací misky.
e) Troubu zahřejte na 425 stupňů a rošt umístěte do druhé horní dráhy trouby.
f) Těsně před pečením na krabí směs rovnoměrně posypeme strouhankou Panko.
g) Pečte, dokud není Panko lehce opečené a na okrajích zapékací mísy můžete vidět bublání. To může trvat asi 20 minut. Sledujte to.
h) Po dokončení podávejte s crostini, toastem melba nebo podle vaší preferované volby.

VYTVÁŘENÍ OBRAZŮ MINI KRABŮ OD ÚPLNĚ:

i) Dodržujte všechny pokyny pro přípravu krabí směsi, ale nepodávejte ji panko strouhankou a nepečte.

j) Místo toho přeřízněte kotouče Turnovers na polovinu.

k) Navlhčete okraje každého polovičního kotouče vodou.

l) Umístěte asi ½ čajové lžičky krabí směsi do středu každého polovičního kotouče.

m) Přehněte poloviční kotouč tak, aby vznikl tvar půlměsíce a okraje utěsněte hroty vidličky. Podívejte se na poskytnuté video pro referenci.

n) Jakmile jsou všechny otočky naplněny a utěsněny, můžete zmrazit ty, které nebudete vařit, tím, že je položíte na talíř, aniž by se překrývaly, do mrazáku asi na 30 minut a poté je přendejte do sáčku se zipem. Uchovávejte je v mrazáku, dokud nebudete připraveni smažit.

o) Až budete připraveni ke smažení, přidejte na pánvi asi 1 palec kukuřičného oleje na vysokou teplotu.

p) Jakmile je olej horký, snižte teplotu na střední a počkejte jednu minutu.

q) Opatrně po jednom přidávejte jednotlivé mini obrátky a opékejte, dokud nejsou lehce dozlatova opečené, podle potřeby obracejte. Pamatujte, že krabí náplň je již uvařená a my potřebujeme vařit pouze zevnějšek.

r) Užijte si své lahodné Mini Crab Turnovers jako perfektní předkrm pro každou příležitost!

64.Obraty tilapie

SLOŽENÍ:
- 3 lžíce olivového oleje
- ½ šálku bílé nebo žluté cibule, jemně nakrájené
- 2 velké stroužky česneku, nasekané nadrobno
- 4 filety z tilapie, rozmražené
- Pepř podle chuti
- 2 malé červené brambory, oloupané, uvařené a nakrájené
- 2 mrkve, oloupané, uvařené a nakrájené na malé kostičky
- 6 černých oliv, nakrájených
- 6 zelených oliv, nakrájených
- 4 lžičky kapary
- ¾ lžičky soli
- ¾ lžičky drcených vloček červené papriky
- ¼ lžičky papriky
- 1 lžíce bílého vinného octa
- 6 snítek čerstvé petrželky, jemně nasekané
- 1 krabice listového těsta (2 listy), rozmražené
- 1 vejce

DOPLŇUJÍCÍ POLOŽKY:
- Univerzální mouka
- Plechy na pečení
- Pergamenový papír
- 4palcová kulatá forma na řezání obratů

INSTRUKCE:
a) Předehřejte troubu na 350 stupňů F (177 °C).
b) Ve velké pánvi rozehřejte olivový olej. Přidejte nadrobno nakrájenou cibuli a česnek a restujte asi minutu.
c) Přidejte čtyři filety tilapie na pánev.
d) Dochuťte pepřem podle chuti a opékejte 2-3 minuty z každé strany.
e) Uvařenou rybu nakrájejte na pánvi pomocí několika vidliček.
f) Do rybí směsi vmícháme uvařené a nakrájené brambory, mrkev, olivy, kapary, sůl, drcené vločky červené papriky, papriku, nadrobno nakrájenou petrželku a bílý vinný ocet.
g) Vařte další 2-3 minuty.
h) Ochutnejte sůl a v případě potřeby upravte.

i) Vypněte teplo a dejte stranou.
PŘIPRAVTE LISTOVÉ TĚSTO:
j) 1 plát listového těsta položte na lehce pomoučený čistý povrch (druhý plát uchovávejte v lednici).
k) Pomocí pomoučněného vále vyválejte plát listového těsta na velikost 12 x 12 palců.
l) Kulatou formičkou (můžete použít i kulaté víčko nebo okraj sklenice) vykrájejte 9 koleček.
m) Přebytečné těsto vložte do plastového sáčku a dejte do chladničky.
MONTÁŽ Obraty:
n) Naplňte každý Turnovers lžičkou rybí náplně.
o) Těsto přehneme přes náplň a prsty přitlačíme okraje, až se uzavře.
p) Pomocí vidličky zmáčkněte okraje.
q) Na horní straně každého Turnovers udělejte malou štěrbinu, aby mohla unikat pára.
r) Obrátky položte na plech vyložený pečicím papírem.
s) Tento postup opakujte pro celkem 9 obratů.
t) Vyjměte druhý plát listového těsta z lednice a vytvořte dalších 9 obratů.
u) Přebytečné pečivo přidejte k přebytečnému těstu z prvního plátu, několik minut hněťte a těsto znovu vyválejte.
v) Tím získáte dalších 4–6 obratů.
w) Vejce rozšleháme a potřeme každý obroučky.
x) Pečte 20–22 minut, nebo dokud těsto není zlatohnědé.
y) Užijte si své lahodné Tilapia Turnovers jako chutnou pochoutku!

OBRATY VEPŘOVÉHO

65. Obraty taženého vepřového masa

SLOŽENÍ:
- 1 lb taženého vepřového masa
- 1/2 šálku barbecue omáčky
- 1/4 šálku nakrájené cibule
- 1/4 šálku nakrájené papriky
- 1/4 šálku strouhaného sýra čedar
- Sůl a pepř na dochucení
- 1 balení listového těsta, rozmražené
- 1 vejce, rozšlehané

INSTRUKCE:
a) Předehřejte troubu na 375 °F (190 °C).
b) V misce smícháme trhané vepřové maso, barbecue omáčku, na kostičky nakrájenou cibuli, na kostičky nakrájenou papriku, strouhaný sýr čedar, sůl a pepř.
c) Listové těsto vyválíme a nakrájíme na čtverce.
d) Na každý čtverec položte lžíci trhané vepřové směsi.
e) Těsto přehneme přes náplň tak, aby vznikly trojúhelníky a okraje zapečeme vidličkou.
f) Obraty potřeme rozšlehaným vejcem.
g) Položte na plech vyložený pečicím papírem a pečte 20-25 minut nebo do zlatova.
h) Před podáváním necháme mírně vychladnout.

66. Obraty jablečného vepřového masa

SLOŽENÍ:

- 1 lb mletého vepřového masa
- 2 jablka, oloupaná a nakrájená na kostičky
- 1/4 šálku nakrájené cibule
- 1/4 šálku celeru nakrájeného na kostičky
- 1/4 šálku nasekaných vlašských ořechů
- 2 lžíce javorového sirupu
- Sůl a pepř na dochucení
- 1 balení listového těsta, rozmražené
- 1 vejce, rozšlehané

INSTRUKCE:

a) Předehřejte troubu na 375 °F (190 °C).
b) Na pánvi vařte mleté vepřové maso, nakrájené jablko, nakrájenou cibuli a nakrájený celer, dokud vepřové maso nezhnědne a jablka nezměknou. Přebytečný tuk slijte.
c) Vmícháme nasekané vlašské ořechy, javorový sirup, sůl a pepř.
d) Listové těsto vyválíme a nakrájíme na čtverce.
e) Na každý čtverec položte lžíci jablečné vepřové směsi.
f) Těsto přehneme přes náplň tak, aby vznikly trojúhelníky a okraje zapečeme vidličkou.
g) Obraty potřeme rozšlehaným vejcem.
h) Položte na plech vyložený pečicím papírem a pečte 20-25 minut nebo do zlatova.
i) Před podáváním necháme mírně vychladnout.

67. Klobásy a obraty jablek

SLOŽENÍ:

- 1 lb vepřové klobásy
- 2 jablka, oloupaná a nakrájená na kostičky
- 1/4 šálku nakrájené cibule
- 1/4 šálku strouhaného sýra čedar
- 1 lžíce nasekané čerstvé šalvěje
- Sůl a pepř na dochucení
- 1 balení listového těsta, rozmražené
- 1 vejce, rozšlehané

INSTRUKCE:

a) Předehřejte troubu na 375 °F (190 °C).
b) Na pánvi vařte vepřovou klobásu, nakrájené jablko a nakrájenou cibuli, dokud klobása nezhnědne a jablka nezměknou. Přebytečný tuk slijte.
c) Vmícháme nastrouhaný sýr čedar, nasekanou čerstvou šalvěj, sůl a pepř.
d) Listové těsto vyválíme a nakrájíme na čtverce.
e) Na každý čtverec položte lžíci směsi klobás a jablek.
f) Těsto přehneme přes náplň tak, aby vznikly trojúhelníky a okraje zapečeme vidličkou.
g) Obraty potřeme rozšlehaným vejcem.
h) Položte na plech vyložený pečicím papírem a pečte 20-25 minut nebo do zlatova.
i) Před podáváním necháme mírně vychladnout.

68.Hoisin Obraty vepřového masa

SLOŽENÍ:

- 1 lb mletého vepřového masa
- 1/4 šálku hoisin omáčky
- 2 lžíce sójové omáčky
- 2 stroužky česneku, mleté
- 1 lžíce strouhaného zázvoru
- 1/4 šálku nakrájené zelené cibule
- Sůl a pepř na dochucení
- 1 balení listového těsta, rozmražené
- 1 vejce, rozšlehané

INSTRUKCE:

a) Předehřejte troubu na 375 °F (190 °C).
b) Na pánvi vařte mleté vepřové maso, mletý česnek a nastrouhaný zázvor, dokud vepřové maso nezhnědne. Přebytečný tuk slijte.
c) Vmíchejte hoisin omáčku, sójovou omáčku, nakrájenou zelenou cibulku, sůl a pepř.
d) Listové těsto vyválíme a nakrájíme na čtverce.
e) Na každý čtverec položte lžíci směsi hoisin vepřového masa.
f) Těsto přehneme přes náplň tak, aby vznikly trojúhelníky a okraje zapečeme vidličkou.
g) Obraty potřeme rozšlehaným vejcem.
h) Položte na plech vyložený pečicím papírem a pečte 20-25 minut nebo do zlatova.
i) Před podáváním necháme mírně vychladnout.

69. Obraty vepřového masa a kimchi

SLOŽENÍ:
- 1 lb mletého vepřového masa
- 1 šálek kimchi, nakrájené
- 1/4 šálku nakrájené cibule
- 2 stroužky česneku, mleté
- 1 lžíce sójové omáčky
- 1 lžíce sezamového oleje
- Sůl a pepř na dochucení
- 1 balení listového těsta, rozmražené
- 1 vejce, rozšlehané

INSTRUKCE:
a) Předehřejte troubu na 375 °F (190 °C).
b) Na pánvi opečte mleté vepřové maso, cibuli nakrájenou na kostičky a prolisovaný česnek, dokud vepřové maso nezhnědne. Přebytečný tuk slijte.
c) Vmíchejte nakrájené kimchi, sójovou omáčku, sezamový olej, sůl a pepř.
d) Listové těsto vyválíme a nakrájíme na čtverce.
e) Na každý čtverec položte lžíci směsi vepřového masa a kimchi.
f) Těsto přehneme přes náplň tak, aby vznikly trojúhelníky a okraje zapečeme vidličkou.
g) Obraty potřeme rozšlehaným vejcem.
h) Položte na plech vyložený pečicím papírem a pečte 20-25 minut nebo do zlatova.
i) Před podáváním necháme mírně vychladnout.

70.Obraty vepřového a zelí

SLOŽENÍ:

- 1 lb mletého vepřového masa
- 2 hrnky nakrájeného zelí
- 1/4 šálku nakrájené cibule
- 2 stroužky česneku, mleté
- 2 lžíce sójové omáčky
- 1 lžíce rýžového octa
- Sůl a pepř na dochucení
- 1 balení listového těsta, rozmražené
- 1 vejce, rozšlehané

INSTRUKCE:

a) Předehřejte troubu na 375 °F (190 °C).
b) Na pánvi vaříme mleté vepřové maso, nakrájené zelí, na kostičky nakrájenou cibuli a prolisovaný česnek, dokud vepřové maso nezhnědne a zelí nezměkne. Přebytečný tuk slijte.
c) Vmíchejte sójovou omáčku, rýžový ocet, sůl a pepř.
d) Listové těsto vyválíme a nakrájíme na čtverce.
e) Na každý čtverec položte lžíci směsi vepřového a zelí.
f) Těsto přehneme přes náplň tak, aby vznikly trojúhelníky a okraje zapečeme vidličkou.
g) Obraty potřeme rozšlehaným vejcem.
h) Položte na plech vyložený pečicím papírem a pečte 20-25 minut nebo do zlatova.
i) Před podáváním necháme mírně vychladnout.

71. Obraty vepřového a fazolových klíčků

SLOŽENÍ:
- 1 lb mletého vepřového masa
- 2 šálky fazolových klíčků
- 1/4 šálku nakrájené cibule
- 2 stroužky česneku, mleté
- 2 lžíce ústřicové omáčky
- 1 lžíce sójové omáčky
- Sůl a pepř na dochucení
- 1 balení listového těsta, rozmražené
- 1 vejce, rozšlehané

INSTRUKCE:
a) Předehřejte troubu na 375 °F (190 °C).
b) Na pánvi vařte mleté vepřové maso, fazolové klíčky, na kostičky nakrájenou cibuli a prolisovaný česnek, dokud vepřové maso nezhnědne a fazolové klíčky nezměknou. Přebytečný tuk slijte.
c) Vmíchejte ústřicovou omáčku, sójovou omáčku, sůl a pepř.
d) Listové těsto vyválíme a nakrájíme na čtverce.
e) Na každý čtverec položte lžíci směsi vepřového masa a fazolových klíčků.
f) Těsto přehneme přes náplň tak, aby vznikly trojúhelníky a okraje zapečeme vidličkou.
g) Obraty potřeme rozšlehaným vejcem.
h) Položte na plech vyložený pečicím papírem a pečte 20-25 minut nebo do zlatova.
i) Před podáváním necháme mírně vychladnout.

72.Obraty vepřového masa a ananasu

SLOŽENÍ:
- 1 lb mletého vepřového masa
- 1 šálek nakrájeného ananasu
- 1/4 šálku nakrájené papriky
- 1/4 šálku nakrájené cibule
- 2 stroužky česneku, mleté
- 2 lžíce sójové omáčky
- 1 lžíce hnědého cukru
- Sůl a pepř na dochucení
- 1 balení listového těsta, rozmražené
- 1 vejce, rozšlehané

INSTRUKCE:
a) Předehřejte troubu na 375 °F (190 °C).
b) Na pánvi vařte mleté vepřové maso, nakrájený ananas, nakrájenou papriku, nakrájenou cibuli a nasekaný česnek, dokud vepřové maso nezhnědne a zelenina nezměkne. Přebytečný tuk slijte.
c) Vmíchejte sójovou omáčku, hnědý cukr, sůl a pepř.
d) Listové těsto vyválíme a nakrájíme na čtverce.
e) Na každý čtverec položte lžíci směsi vepřového masa a ananasu.
f) Těsto přehneme přes náplň tak, aby vznikly trojúhelníky a okraje zapečeme vidličkou.
g) Obraty potřeme rozšlehaným vejcem.
h) Položte na plech vyložený pečicím papírem a pečte 20-25 minut nebo do zlatova.
i) Před podáváním necháme mírně vychladnout.

OBRATY SÝRŮ

73.Obraty špenátu a sýra Feta

SLOŽENÍ:
- 1 šálek nakrájeného špenátu, uvařeného a scezeného
- 1/2 šálku rozdrobeného sýra feta
- 1/4 šálku nakrájené cibule
- 1 stroužek česneku, nasekaný
- 1/4 lžičky sušeného oregana
- Sůl a pepř na dochucení
- 1 balení listového těsta, rozmražené
- 1 vejce, rozšlehané

INSTRUKCE:
a) Předehřejte troubu na 375 °F (190 °C).
b) V misce smíchejte nakrájený vařený špenát, rozdrobený sýr feta, na kostičky nakrájenou cibuli, prolisovaný česnek, sušené oregano, sůl a pepř.
c) Listové těsto vyválíme a nakrájíme na čtverce.
d) Na každý čtverec položte lžíci směsi špenátu a fety.
e) Těsto přehneme přes náplň tak, aby vznikly trojúhelníky a okraje zapečeme vidličkou.
f) Obraty potřeme rozšlehaným vejcem.
g) Položte na plech vyložený pečicím papírem a pečte 20-25 minut nebo do zlatova.
h) Před podáváním necháme mírně vychladnout.

74. Tři sýrové obraty

SLOŽENÍ:
- 1 hrnek strouhaného sýra mozzarella
- 1/2 šálku rozdrobeného sýra feta
- 1/4 šálku strouhaného parmazánu
- 1/4 šálku nasekané čerstvé bazalky
- Sůl a pepř na dochucení
- 1 balení listového těsta, rozmražené
- 1 vejce, rozšlehané

INSTRUKCE:
a) Předehřejte troubu na 375 °F (190 °C).
b) V misce smícháme nastrouhanou mozzarellu, rozdrobený sýr feta, strouhaný parmazán, nasekanou čerstvou bazalku, sůl a pepř.
c) Listové těsto vyválíme a nakrájíme na čtverce.
d) Na každý čtverec položte lžíci směsi tří sýrů.
e) Těsto přehneme přes náplň tak, aby vznikly trojúhelníky a okraje zapečeme vidličkou.
f) Obraty potřeme rozšlehaným vejcem.
g) Položte na plech vyložený pečicím papírem a pečte 20-25 minut nebo do zlatova.
h) Před podáváním necháme mírně vychladnout.

75. Obraty čedaru a brokolice

SLOŽENÍ:
- 1 šálek nakrájené brokolice, uvařené a scezené
- 1 šálek strouhaného sýra čedar
- 1/4 šálku nakrájené cibule
- 1 stroužek česneku, nasekaný
- Sůl a pepř na dochucení
- 1 balení listového těsta, rozmražené
- 1 vejce, rozšlehané

INSTRUKCE:
a) Předehřejte troubu na 375 °F (190 °C).
b) V misce smícháme nakrájenou uvařenou brokolici, nastrouhaný sýr čedar, na kostičky nakrájenou cibuli, prolisovaný česnek, sůl a pepř.
c) Listové těsto vyválíme a nakrájíme na čtverce.
d) Na každý čtvereček položte lžíci směsi brokolice a čedaru.
e) Těsto přehneme přes náplň tak, aby vznikly trojúhelníky a okraje zapečeme vidličkou.
f) Obraty potřeme rozšlehaným vejcem.
g) Položte na plech vyložený pečicím papírem a pečte 20-25 minut nebo do zlatova.
h) Před podáváním necháme mírně vychladnout.

76. Obraty modrých sýrů a hrušek

SLOŽENÍ:
- 1 šálek rozdrobeného modrého sýra
- 1 hruška, oloupaná a nakrájená na kostičky
- 1/4 šálku nasekaných vlašských ořechů
- 2 lžíce medu
- Sůl a pepř na dochucení
- 1 balení listového těsta, rozmražené
- 1 vejce, rozšlehané

INSTRUKCE:
a) Předehřejte troubu na 375 °F (190 °C).
b) V misce smícháme rozdrobenou nivu, na kostičky nakrájenou hrušku, nasekané vlašské ořechy, med, sůl a pepř.
c) Listové těsto vyválíme a nakrájíme na čtverce.
d) Na každý čtverec položte lžíci směsi nivy a hrušek.
e) Těsto přehneme přes náplň tak, aby vznikly trojúhelníky a okraje zapečeme vidličkou.
f) Obraty potřeme rozšlehaným vejcem.
g) Položte na plech vyložený pečicím papírem a pečte 20-25 minut nebo do zlatova.
h) Před podáváním necháme mírně vychladnout.

77. Kozí sýr a pečená červená paprika obraty

SLOŽENÍ:

- 1 šálek rozdrobeného kozího sýra
- 1/2 šálku pečené červené papriky, nakrájené
- 2 lžíce nasekané čerstvé bazalky
- Sůl a pepř na dochucení
- 1 balení listového těsta, rozmražené
- 1 vejce, rozšlehané

INSTRUKCE:

a) Předehřejte troubu na 375 °F (190 °C).
b) V misce smícháme rozdrobený kozí sýr, nakrájenou pečenou červenou papriku, nasekanou čerstvou bazalku, sůl a pepř.
c) Listové těsto vyválíme a nakrájíme na čtverce.
d) Na každý čtverec položte lžíci směsi kozího sýra a pečené papriky.
e) Těsto přehneme přes náplň tak, aby vznikly trojúhelníky a okraje zapečeme vidličkou.
f) Obraty potřeme rozšlehaným vejcem.
g) Položte na plech vyložený pečicím papírem a pečte 20-25 minut nebo do zlatova.
h) Před podáváním necháme mírně vychladnout.

78. Obraty Brie a Cranberry

SLOŽENÍ:
- 1 kolečko brie sýra, zbavené kůry a nakrájené na kostičky
- 1/2 šálku brusinkové omáčky
- 2 lžíce nasekaných pekanových ořechů
- Sůl a pepř na dochucení
- 1 balení listového těsta, rozmražené
- 1 vejce, rozšlehané

INSTRUKCE:
a) Předehřejte troubu na 375 °F (190 °C).
b) V misce smíchejte na kostičky nakrájený sýr brie, brusinkovou omáčku, nasekané pekanové ořechy, sůl a pepř.
c) Listové těsto vyválíme a nakrájíme na čtverce.
d) Na každý čtverec položte lžíci směsi brie a brusinek.
e) Těsto přehneme přes náplň tak, aby vznikly trojúhelníky a okraje zapečeme vidličkou.
f) Obraty potřeme rozšlehaným vejcem.
g) Položte na plech vyložený pečicím papírem a pečte 20-25 minut nebo do zlatova.
h) Před podáváním necháme mírně vychladnout.

79. Obraty čedaru a jablek

SLOŽENÍ:

- 1 šálek strouhaného sýra čedar
- 1 jablko, oloupané a nakrájené na kostičky
- 2 lžíce medu
- 1/4 lžičky mleté skořice
- Sůl a pepř na dochucení
- 1 balení listového těsta, rozmražené
- 1 vejce, rozšlehané

INSTRUKCE:

a) Předehřejte troubu na 375 °F (190 °C).
b) V misce smíchejte nastrouhaný sýr čedar, na kostičky nakrájené jablko, med, mletou skořici, sůl a pepř.
c) Listové těsto vyválíme a nakrájíme na čtverce.
d) Na každý čtverec položte lžíci směsi čedaru a jablek.
e) Těsto přehneme přes náplň tak, aby vznikly trojúhelníky a okraje zapečeme vidličkou.
f) Obraty potřeme rozšlehaným vejcem.
g) Položte na plech vyložený pečicím papírem a pečte 20-25 minut nebo do zlatova.
h) Před podáváním necháme mírně vychladnout.

80.Obraty ricotty a špenátu

SLOŽENÍ:
- 1 šálek sýra ricotta
- 1 šálek nakrájeného špenátu, uvařeného a scezeného
- 1/4 šálku strouhaného parmazánu
- 1 stroužek česneku, nasekaný
- Sůl a pepř na dochucení
- 1 balení listového těsta, rozmražené
- 1 vejce, rozšlehané

INSTRUKCE:
a) Předehřejte troubu na 375 °F (190 °C).
b) V misce smícháme sýr ricotta, uvařený a okapaný nasekaný špenát, nastrouhaný parmazán, prolisovaný česnek, sůl a pepř.
c) Listové těsto vyválíme a nakrájíme na čtverce.
d) Na každý čtverec položte lžíci směsi ricotty a špenátu.
e) Těsto přehneme přes náplň tak, aby vznikly trojúhelníky a okraje zapečeme vidličkou.
f) Obraty potřeme rozšlehaným vejcem.
g) Položte na plech vyložený pečicím papírem a pečte 20-25 minut nebo do zlatova.
h) Před podáváním necháme mírně vychladnout.

81.Obraty hub a švýcarských sýrů

SLOŽENÍ:

- 1 šálek nakrájených hub
- 1/4 šálku nakrájené cibule
- 1 stroužek česneku, nasekaný
- 1 šálek strouhaného švýcarského sýra
- 2 lžíce nasekané čerstvé petrželky
- Sůl a pepř na dochucení
- 1 balení listového těsta, rozmražené
- 1 vejce, rozšlehané

INSTRUKCE:

a) Předehřejte troubu na 375 °F (190 °C).
b) Na pánvi orestujte nakrájené houby, cibuli nakrájenou na kostičky a prolisovaný česnek, dokud nezměknou.
c) Vmícháme nastrouhaný švýcarský sýr, nasekanou čerstvou petrželku, sůl a pepř.
d) Listové těsto vyválíme a nakrájíme na čtverce.
e) Na každý čtverec položte lžíci směsi hub a švýcarského sýra.
f) Těsto přehneme přes náplň tak, aby vznikly trojúhelníky a okraje zapečeme vidličkou.
g) Obraty potřeme rozšlehaným vejcem.
h) Položte na plech vyložený pečicím papírem a pečte 20-25 minut nebo do zlatova.
i) Před podáváním necháme mírně vychladnout.

82.Obraty slaniny a goudy

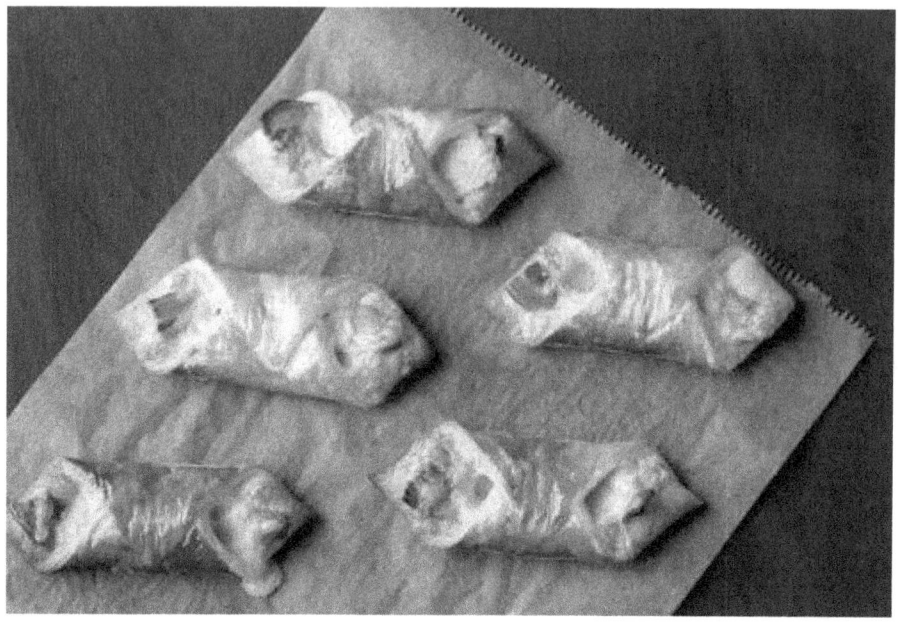

SLOŽENÍ:
- 1 hrnek strouhaného sýra Gouda
- 6 plátků slaniny, uvařených a rozdrobených
- 1/4 šálku nakrájené zelené cibule
- Sůl a pepř na dochucení
- 1 balení listového těsta, rozmražené
- 1 vejce, rozšlehané

INSTRUKCE:
a) Předehřejte troubu na 375 °F (190 °C).
b) V misce smícháme nastrouhaný sýr Gouda, nadrobenou vařenou slaninu, nakrájenou zelenou cibulku, sůl a pepř.
c) Listové těsto vyválíme a nakrájíme na čtverce.
d) Na každý čtverec položte lžíci směsi slaniny a goudy.
e) Těsto přehneme přes náplň tak, aby vznikly trojúhelníky a okraje zapečeme vidličkou.
f) Obraty potřeme rozšlehaným vejcem.
g) Položte na plech vyložený pečicím papírem a pečte 20-25 minut nebo do zlatova.
h) Před podáváním necháme mírně vychladnout.

83. Obrat sušených rajčat a mozzarelly

SLOŽENÍ:

- 1 hrnek strouhaného sýra mozzarella
- 1/4 šálku nakrájených sušených rajčat
- 2 lžíce nasekané čerstvé bazalky
- Sůl a pepř na dochucení
- 1 balení listového těsta, rozmražené
- 1 vejce, rozšlehané

INSTRUKCE:

a) Předehřejte troubu na 375 °F (190 °C).
b) V misce smícháme nastrouhanou mozzarellu, nakrájená sušená rajčata, nasekanou čerstvou bazalku, sůl a pepř.
c) Listové těsto vyválíme a nakrájíme na čtverce.
d) Na každý čtverec položte lžíci směsi sušených rajčat a mozzarelly.
e) Těsto přehneme přes náplň tak, aby vznikly trojúhelníky a okraje zapečeme vidličkou.
f) Obraty potřeme rozšlehaným vejcem.
g) Položte na plech vyložený pečicím papírem a pečte 20-25 minut nebo do zlatova.
h) Před podáváním necháme mírně vychladnout.

84. Obrat artyčoku a parmezánu

SLOŽENÍ:
- 1 hrnek strouhaného parmazánu
- 1 šálek nakrájených marinovaných artyčokových srdíček
- 1/4 šálku nasekané čerstvé petrželky
- Sůl a pepř na dochucení
- 1 balení listového těsta, rozmražené
- 1 vejce, rozšlehané

INSTRUKCE:
a) Předehřejte troubu na 375 °F (190 °C).
b) V misce smícháme nastrouhaný parmazán, nakrájená srdíčka marinovaných artyčoků, nasekanou čerstvou petrželku, sůl a pepř.
c) Listové těsto vyválíme a nakrájíme na čtverce.
d) Na každý čtverec položte lžíci směsi artyčoku a parmazánu.
e) Těsto přehneme přes náplň tak, aby vznikly trojúhelníky a okraje zapečeme vidličkou.
f) Obraty potřeme rozšlehaným vejcem.
g) Položte na plech vyložený pečicím papírem a pečte 20-25 minut nebo do zlatova.
h) Před podáváním necháme mírně vychladnout.

85. Obraty pizzy

SLOŽENÍ:
- 1 balení (2 plechy) listového těsta, rozmražené
- 1 šálek omáčky marinara
- 1 hrnek strouhaného sýra mozzarella
- 1/4 šálku nakrájené feferonky
- 1/4 šálku nakrájených černých oliv
- 1/4 šálku nakrájených hub
- 1/4 šálku nakrájené papriky
- 1/4 šálku nakrájené cibule
- 1/4 šálku strouhaného parmazánu
- 1 lžíce olivového oleje
- 1 lžička sušeného oregana
- 1 lžička sušené bazalky
- Sůl a pepř na dochucení
- Mouka, na posypání

INSTRUKCE:

a) Předehřejte troubu na 400 °F (200 °C). Plech vyložte pečícím papírem.
b) Na lehce pomoučené ploše rozválíme jeden plát listového těsta. Mírně ho rozválejte, aby byl trochu tenčí.
c) Pomocí nože nebo vykrajovátka na pizzu těsto nakrájejte na 4 čtverce.
d) V misce smíchejte omáčku marinara, sýr mozzarella, feferonky, černé olivy, žampiony, papriku, cibuli, parmazán, olivový olej, oregano, bazalku, sůl a pepř.
e) Umístěte lžíci náplně na pizzu na jednu polovinu každého čtverce z listového těsta a ponechte okraj kolem okrajů.
f) Přeložte druhou polovinu těsta přes náplň, abyste vytvořili tvar trojúhelníku. Okraje k sobě přitiskněte vidličkou, aby se utěsnily.
g) Postup opakujte se zbývajícím plátem listového těsta a náplní.
h) Obraty položte na připravený plech.
i) Potřete vrchní část otočky trochou olivového oleje a podle potřeby posypte dalším parmazánem.
j) Pečte v předehřáté troubě 20–25 minut, nebo dokud nejsou obrátky nafouknuté a dozlatova opečené.
k) Před podáváním nechte obraty několik minut vychladnout.
l) Podávejte teplé a vychutnejte si lahodnou pizzu!

OBRATY DEZERTŮ

86. Obraty jablečné skořice

SLOŽENÍ:
- 2 pláty listového těsta, rozmražené
- 2 velká jablka, oloupaná, zbavená jádřinců a nakrájená na kostičky
- 1/4 šálku krystalového cukru
- 1 lžička mleté skořice
- 1 lžíce citronové šťávy
- 2 lžíce másla, rozpuštěného
- Moučkový cukr, na posypání

INSTRUKCE:
a) Předehřejte troubu na 375 °F (190 °C). Plech vyložte pečícím papírem.
b) V misce smíchejte na kostičky nakrájená jablka, krystalový cukr, mletou skořici a citronovou šťávu, dokud se dobře nespojí.
c) Vyválíme pláty listového těsta a každý rozkrájíme na 4 čtverce.
d) Umístěte lžíci jablečné směsi na jednu polovinu každého čtverce pečiva, ponechte okraj kolem okrajů.
e) Přeložte druhou polovinu těsta přes náplň, abyste vytvořili tvar trojúhelníku. Okraje k sobě přitiskněte vidličkou, aby se utěsnily.
f) Obraty přeneseme na připravený plech.
g) Vrchy obrátek potřeme rozpuštěným máslem.
h) Pečte v předehřáté troubě 20-25 minut, nebo dokud nejsou obrátky zlatavě hnědé a nafouknuté.
i) Před poprášením moučkovým cukrem nechte obrátky několik minut vychladnout.
j) Podávejte teplé a užívejte si!

87. Obraty třešňových mandlí

SLOŽENÍ:
- 2 pláty listového těsta, rozmražené
- 1 šálek náplně třešňového koláče
- 1/4 šálku plátky mandlí
- 1 vejce, rozšlehané
- 1 lžička krystalového cukru

INSTRUKCE:
a) Předehřejte troubu na 375 °F (190 °C). Plech vyložte pečícím papírem.
b) Vyválíme pláty listového těsta a každý rozkrájíme na 4 čtverce.
c) Na jednu polovinu každého čtverce pečiva položte lžíci náplně z třešňového koláče a posypte plátky mandlí.
d) Přeložte druhou polovinu těsta přes náplň, abyste vytvořili tvar trojúhelníku. Okraje k sobě přitiskněte vidličkou, aby se utěsnily.
e) Obraty přeneseme na připravený plech.
f) Vršky obratů potřeme rozšlehaným vejcem a posypeme krystalovým cukrem.
g) Pečte v předehřáté troubě 20-25 minut, nebo dokud nejsou obrátky zlatavě hnědé a nafouknuté.
h) Před podáváním nechte obraty mírně vychladnout.
i) Podávejte teplé a užívejte si!

88.Obraty banánů Nutella

SLOŽENÍ:
- 2 pláty listového těsta, rozmražené
- 1/2 šálku Nutelly
- 2 banány, nakrájené na plátky
- 1 vejce, rozšlehané
- Moučkový cukr, na posypání

INSTRUKCE:
a) Předehřejte troubu na 375 °F (190 °C). Plech vyložte pečícím papírem.
b) Vyválíme pláty listového těsta a každý rozkrájíme na 4 čtverce.
c) Na jednu polovinu každého čtverečku těsta rozprostřete Nutellu a navrch položte několik plátků banánu.
d) Druhou polovinu těsta přeložte přes náplň, abyste vytvořili tvar trojúhelníku. Okraje k sobě přitiskněte vidličkou, aby se utěsnily.
e) Obraty přeneseme na připravený plech.
f) Vršky obratů potřeme rozšlehaným vejcem.
g) Pečte v předehřáté troubě 20-25 minut, nebo dokud nejsou obrátky zlatavě hnědé a nafouknuté.
h) Před poprášením moučkovým cukrem nechte obrátky mírně vychladnout.
i) Podávejte teplé a užívejte si!

# 89.Obraty broskvového ševce

SLOŽENÍ:
- 2 pláty listového těsta, rozmražené
- 1 šálek na kostičky nakrájené broskve (čerstvé nebo konzervované)
- 2 lžíce krystalového cukru
- 1 lžíce citronové šťávy
- 1/2 lžičky mleté skořice
- 1/4 lžičky mletého muškátového oříšku
- 1 lžíce kukuřičného škrobu
- 1/4 šálku nasekaných pekanových ořechů (volitelně)
- 1 vejce, rozšlehané
- Turbinado cukr, na posypání (volitelně)

INSTRUKCE:
a) Předehřejte troubu na 375 °F (190 °C). Plech vyložte pečícím papírem.
b) V misce smíchejte na kostičky nakrájené broskve, krystalový cukr, citronovou šťávu, mletou skořici, mletý muškátový oříšek a kukuřičný škrob, dokud se dobře nespojí. Pokud používáte nasekané pekanové ořechy, přimíchejte je také.
c) Vyválíme pláty listového těsta a každý rozkrájíme na 4 čtverce.
d) Umístěte lžíci broskvové směsi na jednu polovinu každého čtverce pečiva.
e) Přeložte druhou polovinu těsta přes náplň, abyste vytvořili tvar trojúhelníku. Okraje k sobě přitiskněte vidličkou, aby se utěsnily.
f) Obraty přeneseme na připravený plech.
g) Vršky obratů potřeme rozšlehaným vejcem.
h) Volitelně posypte vršky obrátek cukrem turbinado pro větší sladkost a texturu.
i) Pečte v předehřáté troubě 20-25 minut, nebo dokud nejsou obrátky zlatavě hnědé a nafouknuté.
j) Před podáváním nechte obraty mírně vychladnout.
k) Podávejte teplé a užívejte si!

90. Smíšené bobulovité obraty s vanilkovou polevou

SLOŽENÍ:
- 2 pláty listového těsta, rozmražené
- 1 šálek rozmixovaného ovoce (jako jsou jahody, borůvky, maliny)
- 1/4 šálku krystalového cukru
- 1 lžíce kukuřičného škrobu
- 1 lžička vanilkového extraktu
- 1 vejce, rozšlehané
- 1 hrnek moučkového cukru
- 1-2 lžíce mléka

INSTRUKCE:
a) Předehřejte troubu na 375 °F (190 °C). Plech vyložte pečícím papírem.
b) V misce smíchejte smíchané bobule, krystalový cukr, kukuřičný škrob a vanilkový extrakt, dokud se dobře nespojí.
c) Vyválíme pláty listového těsta a každý rozkrájíme na 4 čtverce.
d) Položte lžíci směsi bobulí na jednu polovinu každého čtverce pečiva.
e) Přeložte druhou polovinu těsta přes náplň, abyste vytvořili tvar trojúhelníku. Okraje k sobě přitiskněte vidličkou, aby se utěsnily.
f) Obraty přeneseme na připravený plech.
g) Vršky obratů potřeme rozšlehaným vejcem.
h) Pečte v předehřáté troubě 20-25 minut, nebo dokud nejsou obrátky zlatavě hnědé a nafouknuté.
i) Před přípravou polevy nechte obraty mírně vychladnout.
j) V malé misce ušlehejte moučkový cukr a mléko do hladka. Teplé obrátky pokapejte polevou.
k) Podávejte a užívejte si!

91. Čokoládové oříškové obraty

SLOŽENÍ:
- 2 pláty listového těsta, rozmražené
- 1/2 šálku čokoládové oříškové pomazánky (například Nutella)
- 1/4 šálku nasekaných lískových ořechů
- 1 vejce, rozšlehané
- Moučkový cukr, na posypání

INSTRUKCE:
a) Předehřejte troubu na 375 °F (190 °C). Plech vyložte pečícím papírem.
b) Vyválíme pláty listového těsta a každý rozkrájíme na 4 čtverce.
c) Na jednu polovinu každého čtverečku těsta natřeme čokoládovou oříškovou pomazánku a posypeme nasekanými lískovými oříšky.
d) Přeložte druhou polovinu těsta přes náplň, abyste vytvořili tvar trojúhelníku. Okraje k sobě přitiskněte vidličkou, aby se utěsnily.
e) Obraty přeneseme na připravený plech.
f) Vršky obratů potřeme rozšlehaným vejcem.
g) Pečte v předehřáté troubě 20-25 minut, nebo dokud nejsou obrátky zlatavě hnědé a nafouknuté.
h) Před popprášením moučkovým cukrem nechte obrátky mírně vychladnout.
i) Podávejte teplé a užívejte si!

92.Obraty rýžového pudinku

SLOŽENÍ:

- 2 pláty listového těsta, rozmražené
- 1 šálek vařené rýžové kaše (domácí nebo koupené v obchodě)
- 1/4 šálku rozinek
- 1 lžička mleté skořice
- 1/4 šálku nasekaných ořechů (jako jsou mandle nebo pekanové ořechy)
- 1 vejce, rozšlehané
- Moučkový cukr, na posypání

INSTRUKCE:

a) Předehřejte troubu na 375 °F (190 °C). Plech vyložte pečícím papírem.
b) V misce smíchejte uvařený rýžový nákyp, rozinky, mletou skořici a nasekané ořechy, dokud se dobře nespojí.
c) Vyválíme pláty listového těsta a každý rozkrájíme na 4 čtverce.
d) Umístěte lžíci směsi rýžového pudinku na jednu polovinu každého čtverce pečiva.
e) Přeložte druhou polovinu těsta přes náplň, abyste vytvořili tvar trojúhelníku. Okraje k sobě přitiskněte vidličkou, aby se utěsnily.
f) Obraty přeneseme na připravený plech.
g) Vršky obratů potřeme rozšlehaným vejcem.
h) Pečte v předehřáté troubě 20-25 minut, nebo dokud nejsou obrátky zlatavě hnědé a nafouknuté.
i) Před poprášením moučkovým cukrem nechte obrátky mírně vychladnout.
j) Podávejte teplé a užívejte si!

OBRATY ZELENINY

93. Obraty bylinkových brambor

SLOŽENÍ:
- 2 velké brambory, oloupané a nakrájené na kostičky
- 1 lžíce olivového oleje
- 1 lžička sušeného tymiánu
- Sůl a pepř na dochucení
- 1 balení plátků listového těsta, rozmražené
- 1 vejce, rozšlehané (na mytí vajec)

INSTRUKCE:
a) Předehřejte troubu na 375 °F (190 °C).
b) V hrnci s vroucí vodou uvaříme na kostičky nakrájené brambory doměkka, poté je scedíme a rozmačkáme.
c) V pánvi rozehřejte olivový olej na středním plameni. Přidejte bramborovou kaši, tymián, sůl a pepř a vařte, dokud se nezahřeje.
d) Plátky listového těsta vyváláme a nakrájíme na čtverce.
e) Na každý čtverec naneste lžící trochu bramborové směsi, těsto přeložte do trojúhelníku a okraje zapečte vidličkou.
f) Obrátky položte na plech vyložený pečicím papírem, povrch potřete rozšlehaným vejcem a pečte 20–25 minut nebo do zlatova.

94.Obraty hub

SLOŽENÍ:

- 2 šálky hub, nakrájené
- 1 lžíce másla
- 1 stroužek česneku, nasekaný
- Sůl a pepř na dochucení
- 1 balení plátků listového těsta, rozmražené
- 1 vejce, rozšlehané (na mytí vajec)

INSTRUKCE:

a) Předehřejte troubu na 375 °F (190 °C).
b) V pánvi rozpustíme máslo na středním plameni. Přidejte houby a česnek a vařte, dokud houby nezměknou. Dochuťte solí a pepřem.
c) Plátky listového těsta vyválíme a nakrájíme na čtverce.
d) Na každý čtverec naneste lžící trochu houbové směsi, těsto přeložte do trojúhelníku a okraje zapečte vidličkou.
e) Obrátky položte na plech vyložený pečicím papírem, povrch potřete rozšlehaným vejcem a pečte 20–25 minut nebo do zlatova.

95. Obrat kozího sýra a špenátu

SLOŽENÍ:
- 2 šálky čerstvého špenátu, nakrájeného
- 4 unce kozího sýra, rozdrobeného
- 1 balení plátků listového těsta, rozmražené
- 1 vejce, rozšlehané (na mytí vajec)

INSTRUKCE:
a) Předehřejte troubu na 375 °F (190 °C).
b) V míse smícháme nakrájený špenát a rozdrobený kozí sýr.
c) Plátky listového těsta vyválíme a nakrájíme na čtverce.
d) Na každý čtverec naneste lžící trochu směsi špenátu a kozího sýra, těsto přeložte do trojúhelníku a okraje zapečte vidličkou.
e) Obrátky položte na plech vyložený pečicím papírem, povrch potřete rozšlehaným vejcem a pečte 20–25 minut nebo do zlatova.

96. Zeleninové obraty s omáčkou Gorgonzola

SLOŽENÍ:
- 2 šálky míchané zeleniny (jako je brokolice, květák a mrkev), nakrájené na kostičky
- 2 lžíce olivového oleje
- Sůl a pepř na dochucení
- 1 balení plátků listového těsta, rozmražené
- 1 vejce, rozšlehané (na mytí vajec)

OMÁČKA GORGONZOLA:
- 1/2 šálku sýra Gorgonzola, rozdrobený
- 1/2 šálku husté smetany
- Sůl a pepř na dochucení

INSTRUKCE:
a) Předehřejte troubu na 375 °F (190 °C).
b) Zeleninu nakrájenou na kostičky promíchejte s olivovým olejem, solí a pepřem. Rozprostřete na plech a pečte v troubě 20–25 minut nebo do změknutí.
c) Plátky listového těsta vyválíme a nakrájíme na čtverce.
d) Na každý čtverec lžící naneseme část orestované zeleniny, těsto přehneme do trojúhelníku a okraje zapečeme vidličkou.
e) Obrátky položte na plech vyložený pečicím papírem, povrch potřete rozšlehaným vejcem a pečte 20–25 minut nebo do zlatova.

OMÁČKA GORGONZOLA:
f) V malém hrnci zahřejte na středním plameni hustou smetanu, dokud se nezačne vařit.
g) Snižte teplotu na minimum a přidejte rozdrobený sýr Gorgonzola. Míchejte, dokud se sýr nerozpustí a omáčka nebude hladká.
h) Dochuťte solí a pepřem podle chuti.
i) Zeleninové obraty podávejte s teplou omáčkou Gorgonzola pokapanou navrchu.

97.Obrat brambor a pažitky

SLOŽENÍ:

- 2 velké brambory, oloupané a nakrájené na kostičky
- 1 lžíce olivového oleje
- 1 lžička sušené pažitky
- Sůl a pepř na dochucení
- 1 balení plátků listového těsta, rozmražené
- 1 vejce, rozšlehané (na mytí vajec)

INSTRUKCE:

a) Předehřejte troubu na 375 °F (190 °C).
b) V hrnci s vroucí vodou uvaříme na kostičky nakrájené brambory doměkka, poté je scedíme a rozmačkáme.
c) V pánvi rozehřejte olivový olej na středním plameni. Přidejte bramborovou kaši, pažitku, sůl a pepř a vařte, dokud se nezahřeje.
d) Plátky listového těsta vyválíme a nakrájíme na čtverce.
e) Na každý čtverec naneste lžící trochu bramborové směsi, těsto přeložte do trojúhelníku a okraje zapečte vidličkou.
f) Obrátky dejte na plech vyložený pečicím papírem, potřete vršky rozšlehaným vejcem a pečte 20–25 minut nebo do zlatova.

98.Obraty špenátu

SLOŽENÍ:
- 2 šálky čerstvého špenátu, nakrájeného
- 1 cibule, nakrájená nadrobno
- 2 stroužky česneku, mleté
- 1 lžíce olivového oleje
- Sůl a pepř na dochucení
- 1 balení plátků listového těsta, rozmražené
- 1 vejce, rozšlehané (na mytí vajec)

INSTRUKCE:
a) Předehřejte troubu na 375 °F (190 °C).
b) V pánvi rozehřejte olivový olej na středním plameni. Přidejte nakrájenou cibuli a česnek a vařte do změknutí.
c) Přidejte na pánev nakrájený špenát a vařte do zvadnutí. Dochuťte solí a pepřem.
d) Plátky listového těsta vyválíme a nakrájíme na čtverce.
e) Na každý čtverec naneste lžící trochu špenátové směsi, těsto přeložte do trojúhelníku a okraje zapečte vidličkou.
f) Obrátky položte na plech vyložený pečicím papírem, povrch potřete rozšlehaným vejcem a pečte 20–25 minut nebo do zlatova.

99. Obraty lilku

SLOŽENÍ:
- 1 velký lilek, nakrájený na kostičky
- 2 lžíce olivového oleje
- 1 cibule, nakrájená nadrobno
- 2 stroužky česneku, mleté
- Sůl a pepř na dochucení
- 1 balení plátků listového těsta, rozmražené
- 1 vejce, rozšlehané (na mytí vajec)

INSTRUKCE:
a) Předehřejte troubu na 375 °F (190 °C).
b) Lilek nakrájený na kostičky promíchejte s olivovým olejem, solí a pepřem. Rozprostřete na plech a pečte v troubě 20–25 minut nebo do změknutí.
c) V pánvi rozehřejte olivový olej na středním plameni. Přidejte nakrájenou cibuli a česnek a vařte do změknutí.
d) Do pánve přidejte opečený lilek a dobře promíchejte. V případě potřeby ještě dochuťte solí a pepřem.
e) Plátky listového těsta vyválíme a nakrájíme na čtverce.
f) Na každý čtverec naneste lžící trochu lilkové směsi, těsto přeložte do trojúhelníku a okraje zapečte vidličkou.
g) Obrátky položte na plech vyložený pečicím papírem, povrch potřete rozšlehaným vejcem a pečte 20–25 minut nebo do zlatova.

100.Zeleninový obrat s omáčkou z pečených rajčat

SLOŽENÍ:
- 2 šálky smíšené zeleniny (jako je paprika, cuketa a mrkev), nakrájené na kostičky
- 2 lžíce olivového oleje
- Sůl a pepř na dochucení
- 1 balení plátků listového těsta, rozmražené
- 1 vejce, rozšlehané (na mytí vajec)

OMÁČKA Z PEČENÝCH RAJČAT:
- 2 šálky cherry rajčat
- 2 stroužky česneku, mleté
- 2 lžíce olivového oleje
- Sůl a pepř na dochucení

INSTRUKCE:
a) Předehřejte troubu na 375 °F (190 °C).
b) Zeleninu nakrájenou na kostičky promíchejte s olivovým olejem, solí a pepřem. Rozprostřete na plech a pečte v troubě 20–25 minut nebo do změknutí.
c) Plátky listového těsta vyválíme a nakrájíme na čtverce.
d) Na každý čtverec lžící naneseme část orestované zeleniny, těsto přehneme do trojúhelníku a okraje zapečeme vidličkou.
e) Obrátky dejte na plech vyložený pečicím papírem, potřete vršky rozšlehaným vejcem a pečte 20–25 minut nebo do zlatova.

OMÁČKA Z PEČENÝCH RAJČAT:
f) Předehřejte troubu na 400 °F (200 °C).
g) Cherry rajčata a mletý česnek promíchejte s olivovým olejem, solí a pepřem. Rozprostřete na plech a pečte v troubě 20–25 minut nebo dokud rajčata nezměknou a lehce zkaramelizují.
h) Pečená rajčata a česnek přesuňte do mixéru nebo kuchyňského robotu a rozmixujte dohladka. V případě potřeby ještě dochuťte solí a pepřem.
i) Zeleninové obraty podávejte s omáčkou z pečených rajčat na boku.

ZÁVĚR

Když se loučíme s "KOMPLETNÍ KUCHAŘKA TURNOVER", děláme tak se srdcem plným vděčnosti za chutě, které jsme si vychutnali, vytvořené vzpomínky a kulinářská dobrodružství sdílená cestou. Prostřednictvím 100 receptů, které oslavovaly všestrannost a lahodnost obratů, jsme se vydali na cestu dokonalosti pečiva a objevili jsme radost z vytváření šupinatých a chutných pochoutek od začátku.

Tady ale naše cesta nekončí. Když se vracíme do našich kuchyní, vyzbrojeni nově nalezenou inspirací a oceněním obratů, pokračujme v experimentech, inovacích a tvoření. Ať už pečeme pro sebe, své blízké nebo hosty, ať nám recepty v této kuchařce slouží jako zdroj radosti a uspokojení po mnoho let.

A když si vychutnáváme každé lahodné sousto obratu, vzpomeňme na prosté potěšení z dobrého jídla, dobré společnosti a radosti z pečení. Děkujeme, že jste se k nám připojili na této lahodné cestě. Ať jsou vaše obraty vždy šupinaté, vaše náplně vždy voňavé a vaše kuchyně vždy plná tepla a štěstí.

www.ingramcontent.com/pod-product-compliance
Lightning Source LLC
Chambersburg PA
CBHW070358120526
44590CB00014B/1173